我们一起解决问题

向华为学绩效管理

（实战升级版）

马宏勇　编著

人 民 邮 电 出 版 社
北　京

图书在版编目（CIP）数据

向华为学绩效管理 : 实战升级版 / 马宏勇编著. --
2版. -- 北京 : 人民邮电出版社, 2020.6
ISBN 978-7-115-53871-0

Ⅰ. ①向… Ⅱ. ①马… Ⅲ. ①通信企业－企业绩效－企业管理－经验－深圳 Ⅳ. ①F632.765.3

中国版本图书馆CIP数据核字(2020)第067174号

内容提要

本书针对企业绩效管理方面的各种问题，以华为为例，详细分析了绩效管理体系的每一个环节，以绩效导向、绩效目标、绩效考核、绩效辅导、绩效评价、绩效沟通和绩效反馈等方面为经，以华为实施的绩效管理策略为纬，结合华为发展过程中的实际情况，纵横交织，全面解析了华为的绩效管理精髓，进一步发掘了华为通过绩效管理制度激励员工的秘密，并从中总结出了适合一般企业的绩效管理经验和规律。

本书适合各类企事业单位的中高层管理人员、人力资源工作者、企业培训师、咨询师及大中专院校相关专业师生阅读、使用，还可作为对华为和任正非感兴趣的读者朋友的参考用书。

◆编　　著　马宏勇
　责任编辑　庞卫军
　责任印制　彭志环

◆人民邮电出版社出版发行　　北京市丰台区成寿寺路 11 号
　邮编 100164　　电子邮件 315@ptpress.com.cn
　网址 https://www.ptpress.com.cn
　北京虎彩文化传播有限公司印刷

◆开本：787×1092　1/16
　印张：12.75　　2020 年 6 月第 2 版
　字数：150 千字　　2025 年 2 月北京第12次印刷

定　价：55.00 元

读者服务热线：（010） 81055656　印装质量热线：（010） 81055316
反盗版热线：（010） 81055315

前言

2019年10月16日，华为公布了2019年前三季度的经营业绩：实现销售收入6108亿元人民币，同比增长24.4%，净利润率8.7%。从代理商到跟随者，再到成为行业领域内的领头羊，这是一个令所有华为人都感到骄傲的伟大成就。在这些成就的背后，是每一名华为人的默默付出。2019年，华为员工数量已经超过19万。对于任何一家企业来说，这都是一个无比巨大的数字，将这么多员工有序地组织在一起工作，本身就已经是一件十分困难的事情。而想要做到如华为一样，让每一名员工都能在自己的岗位上发光发热、爆发出强大的战斗力，更是难上加难。

其中的秘密就在于华为有一套完整、完善、科学的绩效管理制度。从绩效目标的制定到监督、指导执行，再到最后的绩效反馈，华为管理者一对一地向员工提出了非常具有针对性和专业性的意见及建议。通过这一套流程，华为帮助员工精准地找到其不足和短板，然后运用专业指导帮助其改正，使员工不断进步。在之后的工作中，员工会更加得心应手，有执行力自然就会有绩效的提升。

依靠这些完善的绩效管理制度，华为才能科学、有序地管理这19万名员工，激发出他们近乎无穷无尽的活力。今天，即使是面对险恶的市场环境，华为也毫不畏惧、从容应对。

自1997年开始，华为开始全方位地引进国际化管理体系。例如，引入英国国家执业资格管理体系NVQ，试行任职资格管理。经过几年的实践，华为终于将国外的职业资格管理体系变成适合华为自己的“任职资格评估体系”，并与绩效考核体系、工资分配机制相结合，形成了三位一体的动态模式，这堪称绩效管理的典范。

我的上一本书《向华为学绩效管理》已经详细地剖析了绩效制度对企业的重要性以及此制度给华为带来的巨大改变，也讲述了其他企业在借鉴学习时需要注意的要点。例如，绩效制度要跟随时代、企业发展不断完善，不能一成不变；绩效要以企业生存之本为导向；绩效执行过程中也需要使用适合本企业员工的指导制度，等等。这本

《向华为学绩效管理（实战升级版）》在保留上一本书精华的基础上，结合当前华为最新发展事件，更加深入地挖掘华为绩效管理制度的秘密，并希望从中总结出能够适用于一般企业的经验和规律。

这本书还进一步解读了《华为基本法》，让大家了解了华为最基础的立身之本，以及华为人最为看重的品质和精神文化。另外，本书还深度剖析了华为培训制度的内容，为大家讲解了华为一线员工为何有高于行业平均水平的执行力和竞争力。众所周知，华为非常注重企业精神文化建设，本书也将从华为注重的精神文化入手，分析华为的企业文化和绩效管理制度是如何相辅相成地激发员工的执行力、凝聚力和上进心的。

综上所述，本书多角度、全方位地解析了华为绩效管理制度，向读者展示了更多可供学习和参考的人性化、专业性管理技能。

请大家和我一起，共同走近华为绩效管理思想的内核，聆听一个现代化企业与世界共舞的乐章！

目　录

第一章 绩效管理：破解华为高效运行的密码

优秀的企业总是在不断学习与创新中强大起来的。当艰苦奋斗的精神与西方精细化、标准化的管理思维碰触，又会产生出怎样的能量呢？创造性地借鉴，让西方先进的管理方式在中国的土壤里生根发芽。向管理要效益，任正非创建的以目标为导向、以过程控制为中心的绩效管理体系焕发出勃勃生机，带领华为走向世界。

不同时期的华为绩效管理体系

2019年3月29日，华为投资控股有限公司（下称“华为”）发布了其2018年年报。在2018年，华为实现全球销售收入7212亿元人民币（按当时汇率，约合1070亿美元），净利润593亿元人民币（按当时汇率，约合84.7亿美元），其净利润年增长率超过25.1%。按照这份成绩单，华为不仅在收入指标上稳居全球电信设备市场第一，而且在净利润方面也远远超过排名其后的其他各家大企业。华为的崛起震惊了世界，当人们津津乐道于华为公司创始人、公司总裁任正非的传奇经历的时候，也不禁思索，是什么让华为创造了奇迹？

> 《华为基本法》第二条：认真负责和管理有效的员工是华为最大的财富。尊重知识、尊重个性、集体奋斗和不迁就有功的员工，是我们事业可持续成长的内在要求。
>
> 《华为基本法》第九条：我们强调人力资本不断增值的目标优先于财务资本增值的目标。

华为对人力资源的重视，从《华为基本法》的内容中可见一斑。华为每年在科技研发方面的投入占年销售额的10%以上。在中国年专利授权量排名中，华为稳居榜首，但华为公司创始人、公司总裁任正非本人没有一项发明专利，他一直致力于管理机制的建设。纵观华为33年的成长史，从建立到发展，从发展到壮大，继而稳步增长的过程，也是华为的管理体制走向科学、完善的过程。本书中，我们撷取华为人力资源管理体系中最关键的环节——绩效管理体系，对其进行深度解析，向读者全面介绍华为走向成功的管理精髓。

华为创建于1987年，那时它只是一家生产交换机（PBX）的香港公司的销售代理。1990年，华为开始自主设计、生产交换机，很快，任正非将公司推到了价值链的上游。1993年，华为推出了C&C08，这是一款程控交换机，不仅性能可靠，价格也远低于市面上的其他系统。任正非考虑到国外品牌强大的技术、高精的质量及强大的营销能力后，放弃了国外品牌占据的一二线大城市，确定了“农村包围城市”的战略，把销售市场转向农村地区。任正非将这些地区经理称作“游击队长”，给他们很大的自主权。这种方式很奏效。到1995年，华为年销售额达到了15亿元人民币。

> 任正非说："我刚来深圳时还准备从事技术工作或者搞点科研，如果我选择技术工作这条路，早已被时代抛在垃圾堆里了。我后来明白，一个人不管如何努力，永远也赶不上时代的步伐，更何况在知识爆炸的时代。只有组织起数十人、数百人、数千人一同奋斗，你站在这上面，才摸得到时代的脚。我转而去创建华为时，不再是自己去做专家，而是做组织者。在时代面前，我越来越不懂技术，越来越不懂财务，对管理也是半懂不懂的。如果不能民主地善待团体，充分发挥各路英雄的作用，我将一事无成。从事组织建设成了我后来的追求，如何组织起千军万马，这对我来说是天大的难题。"

然而，任正非毕竟是一位杰出的企业管理者，他具有敏锐的意识，以及调动并充分利用所有人力资源的能力。任正非在创业之初就设计了员工持股制度。这种利益共享的原则，成为华为三十多年以来一直秉承的绩效管理理念。那时候，他并不了解西方企业管理中的激励机制，但是从生活经历中产生的商业直觉告诉他这么做是符合华为发展要求的。

> 任正非 1944 年 10 月 25 日出生于贵州省镇宁县的一个小山村，家里有 7 个孩子，任正非是老大。小时候他的家境非常贫寒，经常要靠挖野菜来充饥。他的父母那时候的想法就是要让家里每个孩子都能活下去。如果家里有一块馒头，父母一定会切成几份，保证每个人都能吃上一口。任正非后来回忆说，"我们家当时每餐实行严格的分饭制，保证人人都能活下来。不这样，总会有一两个弟妹活不到今天。"就是这种经历，以及父母的言传身教，使他从小就懂得承担与分享，并把这些经验应用于以后的创业当中。

在华为，执行的是"员工持股，风险共担，利益共享"的分配政策，员工和管理层都实行一元一股，年终赢利都分光。华为通过这种分配政策，使企业的命运与员工个人的发展息息相关。全员持股的激励方式在华为形成了强大的生产力，华为的工程师甚至把床垫搬到办公室，作为长期加班的临时休息之所，这就是华为独特的"床垫文化"的雏形。任正非也不断地鼓励每一位员工努力为企业而战，为自己而战。

从 1987 年到 1995 年，华为公司处于建立、发展阶段；此时，企业管理处于混沌状态，绩效管理体系处于朴素的"一块饼大家分"、人人都有饭吃的阶段。

由于组建合资公司，并让当地政府通过每年的分红收回了很多投资，华为赢得了很多区域性电信合同。到 1996 年，华为在中国电信交换机市场的份额已经位居第二。1998 年，华为把市场从农村拓展到城市，开始占领全国主要市场。

1996 年到 1998 年是华为的快速发展期：1996 年销售额为 26 亿元，1997 年为 41 亿元，1998 年达 89 亿元；员工数量也迅速攀升，1996 年为 3100 人，1997 年为 5600 人，1998 年为 8000 人。销售量急剧扩大，员工数量大幅度增加，给华为的企业管理带来了新的问题，华为的人力管理面临着前所未有的压力。

长期的军旅生涯培养了任正非坚毅的精神，也使他将严明的军事作风带到了企业管理中，并开启了华为的“土狼时代”。任正非将“土狼”精神概括为三点：一是敏锐的嗅觉；二是不屈不挠、奋不顾身的进攻精神；三是群体奋斗的意识。企业要扩张，必须要具备狼的这三个特性。随着华为全球性征程战略的启动，华为的管理模式也在发生着改变。

> 1996 年，华为的市场部集体辞职大会，被称为华为“土狼时代”的代表事件。市场部人员全部重新“洗牌”。任正非说：“如果没有市场部集体大辞职对华为公司文化所带来的影响，任何先进的管理、先进的体系在华为都无法生根。”
>
> 1997 年，任正非聘请 IBM 帮助其规范核心职能，包括研发、产品开发、供应链和财务管理。IBM 派来了大约 200 名咨询师，帮助华为建立绩效管理及其他管理规则。
>
> 1998 年 3 月，《华为基本法》通过审议，正式实施。

这三件大事标志着华为管理体系初具规模。1996 年至 1998 年是华为的快速发展期，也是华为管理规则的建立期。此时华为的绩效管理以员工考核为主。员工考核是一个单一的过程，包括工作态度、工作能力和工作业绩三方面。人事考核作为专门而独立的环节，先在市场部试运行，逐步推行到全公司，从而强化全员管理意识，提高管理水平。

1999 年，华为在印度设立研发中心，2000 年华为海外市场销售额达 1 亿美元。华为将战略性的眼光放诸全球，在管理方面也进一步与国际接轨。

1999 年至 2001 年，华为的绩效管理体系臻于成熟，进入绩效考核阶段。绩效考核是绩效评价的工具，考核内容以绩效为中心，以考核评价绩效，促使员工不断提高工作水平，并树立务实的工作作风。

华为从2001年开始实行期权改革，将员工内部持股变更为“虚拟受限股”。虚拟受限股并不存在股东，只用了股票的名称和内容，激励对象可以享受一定数量的分红权和股价升值权；取消固定的分红，改为从期权所对应的公司净资产增值部分获取；为保证期权的可行性，还规定了兑现方式和约束措施。改革后，公司不再向新员工派发长期不变一元一股的股票，而老员工的股票也逐渐转化为期股。

根据华为2018年财报显示，华为共有18.8万名员工，其中96768名员工参与持股。员工合计持股比例为98.86%，任正非个人仅持股1.14%。

例如，2019年2月，华为发布公告称，华为2018年的股票TUP（时间单位）分红为2.61元每股。

2019年春节前，任正非在华为内部文件中表示，华为人均年收入已经超过110万元人民币。

可以毫不夸张地说，华为是中国企业的“全员中产阶层”的典范，为中国培养了一批“中产阶层员工”。在员工的平均生活水平达到了“富裕”的基础上，如何引导员工，激发并保持员工的斗志，带领华为继续向前？综合各方面因素考虑，必须依靠绩效管理。

2002年开始，华为进入绩效管理阶段，以考核为目标导向，增加了跨部门团队考核的新内容，逐步形成自我激励和自我约束的机制，员工的工作水平和工作效率得以提升。

这个时期，是华为迅速占领海外市场，成为世界电信设备制造领域的老大，且管理全面规范化的时期。

华为绩效管理的本质就是管理者与员工双方的共赢，这是华为取得辉煌成就的有力保证。

华为推行绩效管理的基础

今天的华为以成功者的姿态赢得万众瞩目。人们习惯于仰望、惊叹成功者的神奇，只有华为人自己知道，在三十多年的奋斗过程中他们经历了多少次跌宕起伏，躲过了多少个暗礁险滩。

每一次应对急难，都需要作出正确的决策。几次大的绩效管理上的变革，让华为及时修正了发展方向，由内部焕发出向外的执行力、战斗力。那么，为什么每次华为都能化险为夷，平稳度过危机呢？华为推行绩效管理的基础是什么？这是需要我们探索、研究和学习的。

华为的宗旨是“以客户为中心，以奋斗者为本，长期坚持艰苦奋斗”。

华为创业的第一阶段，在绩效管理方面体现为“以奋斗者为本”的两条腿走路的形式。员工持股，分享企业盈利，这种简单、直接的激励方式，有点类似梁山好汉的“大碗喝酒，大秤分金银”。“以奋斗者为本”理念有效地激励了员工。

“以客户服务为中心”，就是快速满足客户的需求，随叫随到，甚至直接派驻服务小组现场解决问题，做到替客户着想、为客户省钱。这种全心全意为客户服务的理念为华为提高了商誉，带来了订单，使华为在 1987—1995 年之间占领了中国市场，开始开拓国际市场。

由于通信行业的特点，制造商会根据不同的技术标准生产不同的产品。电信运营商往往需要用到三种技术标准，采购三套不同标准的设备才能满足需要，客户为此支付的巨额安装、维修费用，甚至超过了购买设备本身的费用。

客户购买越多的产品，制造商就能赚取越多的服务费。然而华为却站在电信运营商的角度，研发出把三套标准整合在一个平台的技术，为客户节省了一半的成本。

华为是第一个把 2G、3G、4G 打通的企业，靠一套设备就能提供多面相的服务。

1995 年，随着自主开发的 C&C08 交换机市场地位的提升，华为的年度销售额达到了 15 亿元，这标志着华为结束了以代理销售为主要赢利模式的创业期，进入了高速发展阶段。华为的员工也迅速增多，但与此同时，华为的内部管理已经积累了不少问题。

华为初建时，以市场部为龙头；而华为进入快速增长期后，生产型、销售型、研发型人才走上管理岗位，他们在忙于新技术的开发、新产品的研制时，往往忘记了自己的管理职能，再加上企业本身缺乏严密的管理制度，致使管理混乱。

针对这些问题，1998 年华为推出了《华为基本法》。同期，华为启动了 IPD（集成产品开发）模式，把研发、生产、服务联系在一起；施行 ISC（集成供应链）管理，高薪邀请 IBM 公司辅导其从生产型向服务型企业转型，以向国际化公司迈进。这一切都要求华为改变其固有的管理模式，形成一套新的、富有成效的、可以充分激活人力资源的措施，那就是绩效管理。

华为一直执行高薪激励政策，在华为工作 10 年，差不多就能赚到可以退休养老的钱。高薪政策一方面为华为集聚了大量高精尖人才，另一方面却培养了一批“贵族”，他们成为公司的“沉淀层”，制约着公司的良性发展。

> 1996年1月，华为发生了一件大事。春节过后的第一个工作日，任正非让所有的管理层写一篇主题为“无为而治”的文章。“无为而治”的含义就是依靠机制而不是人力，就能让企业顺畅运行。华为高层孙亚芳提交了一篇《不要挽狂澜于既倒的英雄》，非常契合任正非的战略思考。
>
> 华为要求市场部所有正职干部，即从市场部总裁到各个区域办事处主任以上级别的干部都要提交两份报告，一份是述职报告，一份是辞职报告，并采取竞聘方式进行答辩，公司根据其表现、发展潜力和企业发展需要，批准其中的一份报告。在这次竞聘考核中，包括市场部代总裁毛生江在内的大约30%的干部被替换。一个副总裁可能突然降为办事处主任甚至更低的职位，一个办事处主任也能升职为副总裁。

从表面上来看，这次竞聘考核只是华为市场部的一次重大人事变动，而在实质上，这个事件打破了华为内部的官僚思想、官僚体系，激活了员工的奋斗精神，让他们意识到人人能上能下，要能经得起折腾和变化。

正如事后任正非所言：“华为初期的发展是靠企业家抓住机会、奋力牵引；而进入快速发展阶段，就必须依靠规范的管理和懂得管理的人才。”

对于这种激进的做法，华为人并不排斥。在2007年9月底，华为又发生了一次7000多名工龄在8年以上的老员工辞职事件。当时正是我国《劳动法》修订的前夕，华为的“辞职门”事件甚至引起了官方的注意。然而，在华为内部并没有出现激烈的抗争行动，员工辞职再回任的比率高达九成。

这是因为不回任者必须在离开前将股份卖回给公司，而重聘者可能被降级降薪，但持有股份数不会减少，只要公司继续成长，他们依然可以靠持股享受分红。这个做法一方面保障了资深员工作为股东的利益，一方面又促进了公司的新陈代谢，让一批更年轻、更有能力的人顶上来，担当与其绩效相符的职位。这种所有公司都会遇到的成长瓶颈与人事困境，被华为以“让员工当老板”的方式成功跨越。

2008年，在全球性经济下滑的大背景下，华为推出了新一轮的股权改革，即“饱和配股”，规定在华为工作满一年以上的员工，不同层级的人员配备不同的持股量，达到一定限额即为达到饱和量，不再继续配股。

如今华为实行的“TUP（时间单位）计划”起始于2013年，该计划是为了解决

“虚拟受限股”制度的弊端，进一步优化长期分配制度等问题而实施的。TUP 计划是一种长期分红激励模式，即预先给予一个收益，并在接下来几年逐步兑现。

华为持股制度的几次变革，都是本着“以奋斗者为本”的核心思想，通过股权激励更好地贯彻实现绩效管理。

要成长就需要改变，可以说华为的快速发展正是其推行绩效管理的基础。

组织工作以商品化为导向

任正非曾经说过这样一段话：“一切评价体系都要以商品化为导向，以促使科技队伍成熟化……要建立商品意识，从设计开始，就要构建技术、质量、成本和服务的优势，这也是一个价值管理问题。”

由此可见，华为的工作开展及绩效评价都是以商品化为导向的。

拥有先进技术并不等于拥有了财富，它必须转化为商品，被大量的客户以高于成本价的价格购买，这样才能为企业带来财富。例如，中国企业有成千上万的发明专利躺在那里，经年累月也没有卖出去；又如，摩托罗拉、诺基亚的很多发明专利没有转化成产品，还不是商品，就不会产生财富效应。

对于这一点，华为人是有深刻教训的。

> 2019 年，任正非开始密集接受国内外各种媒体的采访。在与记者们交流的过程中，任正非多次提及华为 5G 在世界通信领域的地位和在市场中受欢迎的程度，并称在短时间内，没有任何一家竞争者可以追上华为，全球各地都有华为 5G 的客户。
>
> 同时，任正非也提到，其实华为早在十多年前就已经开始研究 5G 技术，是世界上最早研究此项技术的企业之一。这种提前布局的决定是他们在充分研究市场需求和技术发展规律之后所做出的，时间也证明了华为人和任正非的高瞻远瞩。

当然华为也有马失前蹄的历史。1993 年，由于数字程控机迅速普及，华为投入巨资研发的 JK1000 被挤出市场，公司损失巨大。

之所以出现这种情况，实际上是由于华为的主观意愿先行，无视市场变化信息，对于更符合市场需求的先进技术并没有给予足够的重视。

后来华为又投入巨资研究 CT2 系统（一种介于移动电话和固定电话之间的移动通信方式），结果还是失败。从此以后，任正非要求华为员工不能像早期的贝尔公司那样，只懂得技术研究和开发，却不懂得把技术转化为商品。

华为公司副总裁、首席法务官宋柳平认为："企业的创新必须以满足客户的需求为前提。"最小的成本、最快的速度、最佳的客户满意度，方能实现最大的效益。2018 年，华为实现了 1070 亿美元的销售额，而到 2019 年 6 月，华为总计支付专利使用费 60 亿美元左右。

作为通信设备制造商队伍中的后来者，华为的生存之道就是"人无我有，人有我优"。欧洲已经有了比较成熟的通信运营市场，只有依靠稳定的产品、更先进的技术才能打入欧洲市场。现实需要华为走领先技术市场一步或半步这条路。

领先技术市场的技术，就是满足用户需求的技术。

韩国企业三星在发展初期并没有独创的核心技术，也是依靠引进。他们首先迎合客户需求，生产了具有漂亮外观的手机，一下子打开了市场。接着他们又通过扶持手机设计室的变通办法，带动了一个新兴领域的蓬勃发展，为韩国手机行业的发展奠定了坚实的技术基础。

华为 Cloud&AI 产品与服务总裁侯金龙曾说，华为 3G 成功的原因之一，就是坚持技术创新以满足客户需求为中心这一原则，始终聚焦于来自客户的压力和挑战。

在这以后，华为提倡的是：工作要以商品化为导向，也就是说所有部门及员工都要以商品化的思维方式去组织工作。

PDT 模式打通部门脉络

新产品开发是公司在激烈的市场竞争中生存、发展的关键。在新产品开发和创新过程中，高效的产品开发团队是将创新思想、理念、客户需求转换成产品的关键执行者。

为了避免产品开发延迟，目前较常见的做法是向产品经理（IPD 管理的 PDT 经理）授权，由其专职对项目中的问题负责；或由产品开发管理团队进行决断，从而从组织层面保障决策的有效性。PDT（Product Development Team）是一个虚拟的组织，其成员在产品开发期间一起工作，是由项目经理负责的项目单列式组织结构。

华为的 PDT 负责华为的产品集成开发项目。PDT 的组长通常来自市场部，而 PDT 的成员则来自其他各个部门，比如研发部、财务部、人力部、服务部、支持部等。其目标只有一个，就是满足市场需求，并快速盈利。PDT 是建立在常规组织机构基础上的一个动态的组织。每个 PDT 下面可以细分为多个项目组，项目组成员可以根据项目需要不断更新，进而形成直接支持不同层级、不同时段、不同项目的工作组。

华为之所以打造 PDT 组织模式，就是为了打破企业各部门之间的壁垒，使来自不同领域的专业人员聚集在一起，共同进行产品开发。

2019 年 7 月底，华为中国区运营商大视频业务部接到邀请去中央电视台开会。电视台的相关部门希望在 70 周年国庆阅兵和之后的群众游行活动中，能够使用 5G 直播。华为在这一方面有得天独厚的优势，不论是从家国情怀的角度，还是从企业发展的角度来看，华为都不能拒绝此次机会。但是华为也有自己的担心，这是华为第一次在拍摄人员移动状态中直播 5G 4K 视频，并且还要实现高码率视频的连续回传。

项目组许下了“大干一百天”的诺言，华为也是给出了最高级别的保障，要求各个部门全力配合。在华为工程部、网络优化部、产品维护部的支持下，项目组开始了首次移动状态下直播的测试，和终端部门、无线研发部门讨论减轻了设备重量。在彩排阶段，华为全公司上下通力合作，解决各种突发问题。

最终的结果是完美的，他们圆满地完成了第一次移动状态下的 5G 4K 视频直播。

对华为人来说，实现团队的目标才是真正的成功，共赢才是真正的成长。PDT 实际上就像部队中的战斗机动小分队，它一方面汇聚了集体的智慧，另一方面整合了各部门的专业优势，大大提高了工作效率，使华为在同行业的竞争力更强了。

那么 PDT 是如何运作的呢？它的流程是怎样的呢？（如图 1-1 所示）

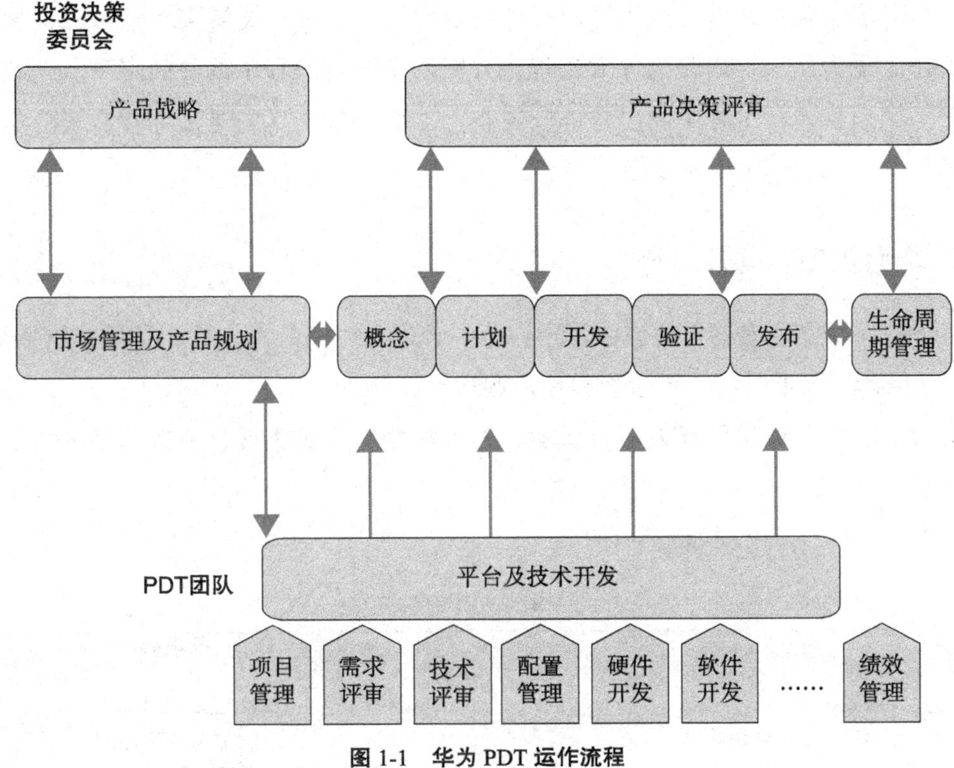

图 1-1　华为 PDT 运作流程

市场营销部从市场获得客户需求后，营销工程部系统工程师对需求进行分解、分配；需求分析进入相应产品部门形成方案，上报产品投资决策委员会；产品投资决策委员会审核部门负责审核立项，确定目标值；再返回开发部进行开发，PDT 组长负责考核研发部提出的每一个方案的细节，确保各个环节都处于健康状态，最后决定“通过”还是“不通过”。

在项目进行过程中，项目的各个方面还会依据市场需求进行调整。PDT 是企业组织机构的补充形式，可以发挥团队优势，有效地提升团队绩效水平。

用项目计划形成约束机制

为了解决协同作战问题，华为探索并形成了一套独有的项目管理方法，即项目计划，它有效地帮助华为解决了跨领域、跨部门的工作冲突，提高了项目和企业各部门的绩效。

作为电信运营商，华为在为客户提供电信服务时，往往需要多个领域的专业人员配合工作。华为将项目划分为五大过程，并标明了执行过程中的注意事项。这些注意事项避免了项目执行过程中由于各部门各自为政而导致产生的进度不齐、资源浪费等混乱现象。

1. 华为的项目展开过程

华为的项目管理内容包括整体管理、范围管理、时间管理、费用管理、质量管理、人力资源管理、沟通管理、风险管理和采购管理。

华为的项目管理过程分为项目启动、项目规划、项目执行、项目监控、项目收尾五个环节。

华为的项目展开过程如表 1-1 所示。

表 1-1　华为的项目展开过程

项目管理	项目启动	项目规划	项目执行	项目监控	项目收尾
整体管理	制定项目章程，制定项目初步范围说明书	制定项目管理规划	指导与管理项目执行	监控项目工作 整体变更控制	项目收尾
范围管理		范围规划 范围定义 制作工作分解结构		范围核实 范围控制	
时间管理		活动定义 活动排序 活动资源估算 活动持续时间估算 制定进度表		进度控制	
费用管理		费用估算 费用预算		费用控制	
质量管理		质量规划	实施质量保证	实施质量控制	
人力资源管理		人力资源规划	项目团队组建 项目团队建设	项目团队管理	
沟通管理		沟通规划	信息发布	绩效报告 利害关系者管理	

（续表）

项目管理	项目启动	项目规划	项目执行	项目监控	项目收尾
风险管理		风险管理计划 风险识别 定性风险分析 定量风险分析 风险应对规划		风险监控	
采购管理		采购规划 发包规划	询价 卖方选择	合同管理	合同收尾

华为的项目展开是详细而严密的，也是规范的，确定了每一个阶段需要完成的工作内容。每个部门可以按既定的规则做事，让自己的目标更清晰、行为更顺畅。

公司的每一个项目，从立项到收尾，每个环节的执行都离不开及时有效的沟通。特别是跨部门合作时，随时出现问题的可能性更大，沟通就显得特别重要。因此，华为专门列有沟通策略下的项目计划。

2. 沟通策略下的项目计划

华为沟通策略下的项目计划列示如下（如图 1-2 所示）。

（1）明确目标、确认范围

内容有合同分析、客户需求、市场期望、项目目标及背景、项目策划书。

（2）确认项目里程碑

明确制定项目中的关键步骤。

（3）工作分解，制订工作计划

将工作结构分解，进行活动排序和资源分析，制订沟通计划和风险计划。

（4）质量控制

确定质量控制点，制作作业指导书。

（5）确定项目进度计划

包括确定项目的进度计划和站点计划。

（6）项目运作

包括项目监督和项目变更。

就这样，华为把项目计划分为 6 个阶段，每个阶段的工作可以依次进行，也可以

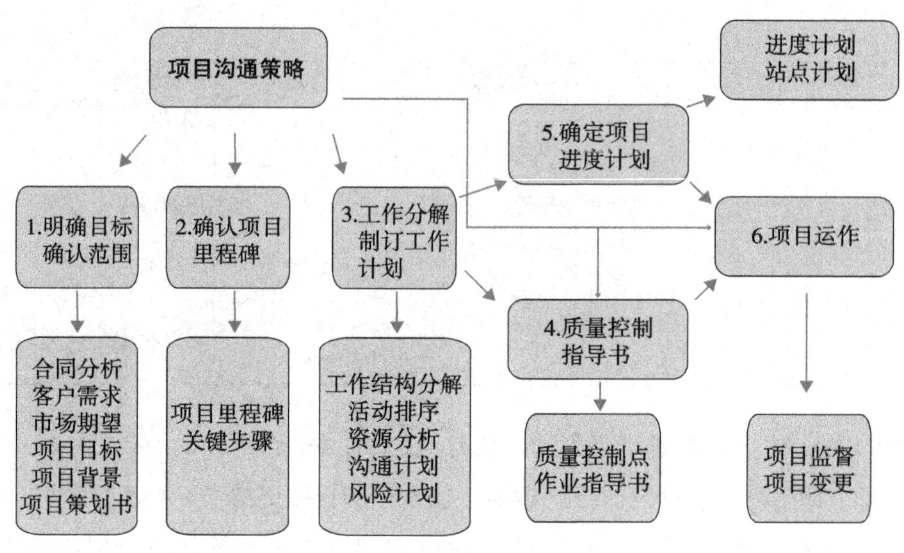

图 1-2　华为沟通策略下的项目计划

同时进行，这使得沟通显得更加重要。华为在立项之初，各个利益相关人可以就各个项目的内容进行沟通，使项目的执行过程从一开始就少走弯路，节省时间、精力和资源成本，使效率大大提高。

华为的项目计划很好地约束了各个参与部门，打破了部门界限，消除了各部门之间的隔阂，使成员之间彼此信任，为共同的目标而努力。

3. 华为的项目计划具体解析

（1）项目的启动内涵

华为的项目启动包含立项申请、项目组建、项目策划任务书和项目开工会 4 个方面的内容。其中，项目策划任务书包括以下 5 个关键步骤。

①描述项目背景与目的：考虑这是一个什么项目，以及为什么要做；如果做，目标是什么。

②里程碑：即项目执行的关键点。例如，风险较大的环节、利润点等。

③项目评价标准：华为很看重这一点，并以此作为考核的依据。评价标准将说明项目成果在何种情况下被接受，以及项目达成的验收规程。

④假定与约束条件：假定条件，说明项目启动的假设条件；约束条件，说明项目启动和实验过程中的限定性条件，即影响项目执行的风险因素。

⑤项目利益干系人：包括客户、高管、相关职能部门负责人、项目经理、团队主

要成员等。

华为的项目开工会主要包含两个方面的内容：一个是布置任务；另一个是要让成员在项目目标、管理方式、工作方式、任务分配合理性等方面达成共识，以便后期工作的顺利开展。

（2）项目计划阶段

华为的项目计划阶段主要包括5方面的内容：工作分解、活动排序、资源估算、进度计划、风险与沟通计划等。通过这个阶段，最终获得WBS、网络图、甘特图、进度计划、风险防范计划和沟通计划。

①工作分解：工作分解的最终目的是为了合理分工、明确责任，并以分工明细表的形式表现出来。在华为，分解工作之前要先定义项目范围和目的，即描述哪些工作在该项目内，哪些工作不在项目中。工作分解的方法主要有自上而下法和头脑风暴法。工作分解要求将任务完全穷尽，且彼此独立，符合“SMART”原则。

②活动排序：通常利用前导图，按照工作的客观规律、项目目标要求、工作的轻重缓急，以及项目自身内在关系等进行排序。

③资源估算：资源是项目开展的重要支持，若资源不足、协调不力，则会极大地影响项目的进度。华为将资源分成三类：物力、人力和技术，从需要什么资源、何时需要、需要多少、向谁领取等方面一一进行细化，避免了执行中可能出现的意外。在资源统筹方面，华为一般依靠经验丰富的专家进行判断。

④进度计划：需要关注的是，在制订进度计划时要考虑关键的环节和关键的路径（延迟、活动排序、工期安排）。

⑤风险与沟通计划：项目执行过程中，必须要做好风险防范计划及沟通计划，以避免意外因素干扰项目的正常进行。

（3）项目过程控制

华为的项目过程控制由三大部分构成：沟通、项目监控和变更管理。其中，监控的要点有高风险的工作任务、控制点、里程碑、资源和人员。

①项目监控：华为进行项目监控的方法和工具包括项目进度表、项目基线、会议报告、现场监督、计划跟踪、员工反馈等（甘特图、里程碑趋势图、状态报告、月度总结、周报、日报等）。

②项目变更：在项目执行过程中随时可能有意外情况发生，如领导的新决策、团队冲突、市场变化、法律变化以及企业革新等，导致项目发生变更。此时，项目组应

该提前做好方案，以快速应对未知事件的影响，减少时间、资源方面的浪费。

（4）项目收尾

在华为，不论项目大小都有收尾这个过程，其目的是总结经验教训，巩固成果，这对于后期的项目执行有着极大的帮助。此外，项目总结也是华为大学教材、信息的重要来源之一。

华为项目计划解析如表 1-2 所示。

表 1-2　华为项目计划解析

<table>
<tr><th>项目流程</th><th colspan="2">项目各流程内容</th></tr>
<tr><td rowspan="4">项目启动</td><td colspan="2">立项申请</td></tr>
<tr><td colspan="2">项目组建</td></tr>
<tr><td>项目策划任务书</td><td>项目描述
项目执行的关键点
项目评价标准
假定与约束条件
项目利益干系人</td></tr>
<tr><td>项目开工会</td><td>布置任务
达成共识</td></tr>
<tr><td rowspan="5">项目计划</td><td colspan="2">工作分解</td></tr>
<tr><td colspan="2">活动排序</td></tr>
<tr><td colspan="2">资源估算</td></tr>
<tr><td colspan="2">进度计划</td></tr>
<tr><td colspan="2">风险沟通计划</td></tr>
<tr><td rowspan="2">项目过程控制</td><td colspan="2">项目监控</td></tr>
<tr><td colspan="2">项目变更</td></tr>
<tr><td>项目收尾</td><td colspan="2">项目收尾、总结</td></tr>
</table>

维系动态组织结构，应对需求

1995 年至 2000 年，华为的管理机制还是集中化管理，这种组织结构已经无法适应企业庞大的规模，具体表现为企业相关部门办事效率低下，出现了拖延决策等现象。

这些问题已经影响到华为的技术创新、产品开发和市场拓展，延缓了企业的发展势头。基于对现有组织结构的反思，针对存在的缺陷和问题，任正非摸索出了一套新的组织结构。这是一种动态的组织架构、一个逆向求助性的组织架构，用来配合原来那个常态的组织系统。

在每一个项目的具体运行过程中，新的动态性的组织架构和逆向性的组织架构的运作流程不变，只是新项目所需的人数、岗位及技术专长发生变化。当新的项目完成后，一切回归常态，变为公司原来的组织结构。在华为，每一次新项目的开始，每一次产品的创新，都得益于组织架构的动态变化，而正是业务的变化和新需求的产生，催生了组织架构的变化。

为了解决 3G 业务的需求，华为很积极地从市场部、营销部调集人员，组成了一个新的技术支持部，来支持专业集群手机的技术攻关和难点解决。这种技术在当时还属于新兴技术，大家都处于探索和摸索阶段，仅靠原有部门的技术力量很难解决这个难题。集中技术力量攻克难点是企业技术创新的必经之路。而当 3G 项目完成后，这些人又回到了原来的部门和岗位上。

这种机动组织的好处是：第一，减少冗员，不会因为新项目的增多而不断增加新的员工；第二，可以提高现有资源（人力、物力、技术）的使用效率；第三，还能缩短磨合期，迅速解决问题，提高企业运行效率，是一种很好的组织补充形式。

1. 动态的组织结构形式

一个组织的结构形式决定了这个组织的行事风格及其所能取得的成就。华为的组织结构形式主要有两种，即轻型矩阵和重型矩阵。

（1）轻型矩阵

一般来讲，轻型矩阵的项目经理在项目的执行过程中起着协调沟通与上下级和各个部门之间关系的作用；项目组的成员是具体的联系人，但没有决策权；另外，各职能部门经理对本部门的任务负有关键责任，并有决策权力。

轻型矩阵的组织结构是适合单个或简单的项目，不适合庞大或复杂的项目，这是由它的组织结构形式决定的。

（2）重型矩阵

一般来讲，重型矩阵的组织结构形式包含有领导、（技术研发组、市场开发组、市场营销组、客户服务组）职能经理、职能部门、决策层级。

重型矩阵的内容构成看似和轻型矩阵一样，但实际上包含的意义是不一样的。重型矩阵中的项目经理在新的项目中为责任主管，是直接负责人；项目成员就是其所在职能部门的责任人之一，能代表他所在的职能部门行使权力；项目组经理和成员在新项目中均负有主要责任，并有同等权力；而职能部门的经理对新建立的临时部门要及时予以支持，而不是反对、阻挠或刁难。

这样轻重不同的组合，使组织结构既稳定又灵动，既有大型组织的规模优势，又具有小型组织快速、锐利和灵便的特点。

2. 动态组织结构的运行关键

矩阵组织的结构有两条不同的权力线：一条是轻型矩阵的，一条是重型矩阵的。这就导致具体做事、跟踪项目的人没有调动各种资源和决策的权利；而不负责具体项目、不在一线干活的人却拥有各种资源的调动权、派送权和决策权。

这种权力结构的二元背离性同样会对项目开展造成阻碍，怎么解决这个问题呢？

华为在这方面又实施了一系列的补充措施。

任正非在华为高层建立了协调机构，用以协调各个项目进行中需要调配的各种资源，协调机构的成员主要是各个项目的总负责人，他们直接面对总裁、副总裁、总经理等。

为了避免新项目和企业日常运营之间发生冲突和混乱，华为制定了项目经营的综合规划，做到时间和顺序安排上的有序性，避免一个主管在同一时间段同时负责好几个项目，或者依据项目的重要程度确定优先次序。

有人曾经做过研究，精神激励和物质激励对一个人的激励作用力之比是三比一，即精神激励的力量是物质激励的三倍。

任正非是军人出身，他非常懂得精神力量对员工的激励作用。因此，在创建华为的几十年里，他一直在不遗余力地建设企业文化，如狼性文化、蓝血精神、雷锋的奉献精神等。

2019 年 7 月 19 日至 20 日，任正非在“运营商 BG 组织变革研讨会”上发表了关于简化作战管理结构的讲话。此次会议重点讨论了要简化管理层次，规范系统部门和代表处的“作战”权力，同时要把权力给到最前线那些有能力、有担当的“战斗人员”手里，允许他们有一定的战略准备权力和战斗指挥权力。这就是华为一直强调的“让听得见炮声的人来做决策”。华为希望借此举向外界传达华为重视管理人才、重视管理建设的理念。

所有这些措施都极大地提升了华为人的奋斗精神和敢于担当的责任心。有的员工说：“不知道为什么，华为总有一种让人奋不顾身、永不言退的力量，推动着我一定要把这个事搞定，要把这个项目拿下来。”——这就是企业文化，是精神的力量。

而对于主管领导的考核，华为则采取了表彰和累计功劳的方法。突出的优秀事例公开表扬，以便在年底统一公开民主评议，使大家心悦诚服。

华为的这一系列措施，有效地激活了组织的活力，提升了组织的执行效力，使组织的运行效率大为提高。

用专业化行政团队保障主业务

“三军未动，粮草先行。”当过兵的任正非非常清楚后勤保障供给对一线作战部队的重要性。它是后方与前方一线部队的连接纽带，也是他们的动力源、生命线和高昂士气的保障。因此，华为配备的行政人员素质都非常高，而且非常专业。只有行政人员专业、高效地工作，才能给一线人员提供优质的服务，让他们全心全意投入到业务中去。

华为的行政系统主要是由两个部分构成：后勤系统和秘书系统。

1. 华为的后勤系统

主要负责华为的资产管理、车辆调配、企业内外部关系协调、文案和档案的存储、会展会务、接待等方面的工作；同时负责保障和提供外派人员的通信设备，订购机票、车票、火车票，预订宾馆，以及为派外人员的生活和办公提供可靠、安全、必要的资源。

2. 华为的秘书系统

作为重要的行政团队，华为的秘书系统非常庞大。

任正非说：“像我们公司这么庞大的秘书队伍，发达国家是养不起的，因为成本太高。美国的公司一般只是提供很好的工具，要求科技人员自己做文件，下班之前务必做完。这一系列管理制度的目的就是降低成本。华为公司处于中国特色的环境下，所以养得起这么一大群秘书。”

每一个人的精力都是有限的，尤其是关键岗位人员，如果将时间和精力都用于琐碎事务的处理，那么本职工作效率就会大打折扣，直接影响绩效。为了让一线人员，如开发部、市场部能够专注于本职工作，华为设置了秘书岗位。

华为的秘书首先要求具有熟练的基本功，如打字、复印、操作计算机以及其他一系列的工作都要非常娴熟。华为从英国引入 NVQ（“企业行政管理师”职业资格认证）来规范秘书工作。

另外，华为还明确了秘书是经理的助手，是各级管理者的助手。

任正非说：“助手的含义怎么理解？刚才你们说收集信息情报、提供技术资料等想法并不坏，但主要还应该体现在善解人意上。每一个部门、每一个科室，甚至每一个课题，在往前推动的过程中有哪些事情要发生、有哪些问题要注意，或者哪些方面能够降低他们的工作量，保证他们把全部精力用在主攻方向上，那么我们（秘书）就应该把这些工作接下来，由我们来承担。”

“总的来说，作为秘书就是要下定决心，不顾一切地去分担管理者的压力。这个‘分担管理者的压力’不是说替他决策、出主意，而是要减轻他们大量事务性的、重复性的劳动，保证他们在主攻方向上投入很大力量，这是我认为的助手的作用。”

华为的秘书分为不同岗位、不同级别、不同层次，通过培训、考核、晋升、奖惩一系列的规章制度，使秘书能够时刻具有凝聚力、战斗力，为一线生产研发提供支持。

第二章
绩效导向：匹配客户的战略需求

客户永远是企业生命的源泉。企业要发展，就必须真正理解“客户”的含义，将满足客户的需求上升到企业发展战略的高度。对于企业来说，拓展市场、寻求潜在客户、维系目标客户、树立企业声誉非常重要。在这些方面，华为将“以客户为中心”做到了极致。

专注于客户服务的绩效导向

当前，无论是中小民营企业还是大型企业都迎来了发展的机遇，同时也面临着被淘汰的风险。企业想要在市场竞争中存活下来并非易事，而生存的关键就是客户的满意程度。

因此，几乎所有能够在国际、国内市场上叱咤风云的企业，都以客户的满意度作为衡量工作成效的标准，于是就有了一句风靡世界的口号："顾客就是上帝。"

美国商人鲁迪曾经出差下榻在瑞典斯德哥尔摩的格兰德饭店，他的下一个目的地是哥本哈根，他要在那里参加一个重要的会议，而当天由斯德哥尔摩到哥本哈根的航班只有一趟。鲁迪退房抵达机场之后发现机票忘在了格兰德饭店，这就意味着他很有可能错过这场会议，这将给他造成很大的损失。当票务人员得知鲁迪的情况后安慰他不必担心，并递上一张临时机票对他说："请您把下榻的酒店地址给我，剩下的事交给我来办就可以了。"在鲁迪候机期间，票务人员和酒店取得了联系，并很快取回机票，鲁迪最终顺利登机。

对于客户来说，如此周到的服务才是他们认为物有所值的服务。客户对服务的满意程度关系着企业消费载体的数量，并最终决定企业的盈利状况。鉴于此，无论是在苦求生存的创业时期，还是在蒸蒸日上的发展壮大时期，华为从未迷失方向，坚持以客户服务为绩效导向，坚定地阔步前进。

一直以来，华为都把客户服务当作工作的中心，客户服务文化是其企业文化的重要特征之一。在华为看来，客户服务既体现在流程制度中，也体现在服务的细节中，客户对员工工作的满意程度是评判其工作完成质量的重要标准。

任正非深知客户的支持是企业能够生存的关键因素，他曾说："我们强调，要坚持客户需求导向。这个客户需求导向是指理性的、没有压力的导向，代表着市场的真理。有压力、有政策行为导致的需求，就不是真正的需求。我们一定要区分真正的需求和机会主义的需求……我们要永远抱着理性的客户需求导向不动摇，不排除在不同时间内采用不同的策略。"

任正非对客户服务绩效导向的专注，潜移默化地影响着华为的每一位员工，他们始终把快速响应客户需求作为工作的准则之一。

2019年9月28日，“谁是最可爱的人·2019沙特华为庆国庆暨英雄事迹报告会”在沙特隆重举行。在这个小舞台上，华为人讲述了一个个为客户服务的大事迹。

2019年华为在沙特有一个至关重要的大项目，对华为来说这是一场极其关键的战役。因此，华为派遣了一个180多人组成的团队，在一家酒店里全封闭式开展工作。整个团队7×24小时轮班不间断连续工作，一个月内最多进行了8次交标，策划的方案场景多达十几个，BOQ（工程量清单）30多个。华为人这样形容这次项目的过程：“真的是一场上甘岭式的艰苦战役。”每一个华为人都抱有必胜的信念，以强大的毅力支撑自己打造最优质的服务。

这种场景也震惊了酒店的经理，震惊之余他给华为贴上了“crazy华为”的标签。为客户提供快速、高质量服务的信念，让这支“疯狂”的队伍最终获得了成功。

也许对于今天的华为来说，对细节的疏漏并不能撼动它的行业“巨无霸”的地位。但是华为人仍然在全力以赴、精益求精，他们就是要告诉所有的客户，这就是华为——有一流的交付能力，有坚韧不拔的企业精神，有兢兢业业的工作态度。这种做法不仅会给已有的客户留下深刻印象，也是在向潜在客户抛出橄榄枝，为企业进一步发掘客户、扩大盈利奠定坚实的基础，不得不说这是以绩效为导向的又一种工作方法。

华为的核心价值观：以客户为中心

“以客户为中心”的口号其实一些西方企业早就提出过。然而随着证券市场的发展，“以客户为中心”的理念在他们心目中逐渐模糊，一些企业家挖空心思操控市场、玩转股票，企图以此取得最大化利益。

令人欣慰的是，华为并没有犯下如此低级的错误。华为能够在激烈的市场竞争中取得今天这样的成就，关键就是缘于对客户需求的重视。

任正非曾写过一篇文章《为客户服务是企业生存的唯一理由——谈谈华为公司的企业战略》，文中专门论述了客户对华为意味着什么——华为的追求是实现客户的梦想。其中谈到：为客户服务是华为能够生存的理由，客户才是华为能够发展下去的动力，而组织、流程、制度、政策、企业文化等方面的建设也必须以客户需求为导向。因为华为毕竟是一个功利组织，其最终目标是获得商业利益，而服务对象的满意程度是华为是否可以生存下来的终极评判标准。因此，任正非称：“我们只有用优良的服务去争取客户的信任，才能创造资源，这种信任的力量是无穷的，是我们取之不尽、用之不竭的源泉。因此，服务贯穿于我们公司及个人生命的始终。”

在华为，为客户服务、以客户为中心并不只是一句口号，在满足客户需求方面华为人从不嫌麻烦。华为派遣到客户那里的工程师很多时候都是十多人一组，而在同行看来派出五人就算是“大出血”了。这个由多人组成的技术团队抵达客户那里之后，时常与客户共同协商，最后选出最佳方案。另外，如果遇到问题的客户距离较远，其他企业通常会使用远端视频的方式解决，可是到了华为这里，“无论是在海拔很高的高原地区、地球最北端的挪威通信基站，还是在炎热的亚马孙丛林……以客户为中心，履行合约、诚信交付是奋斗在一百多个国家的十几万华为员工坚持的原则，持续艰苦奋斗的精神使我们赢得了客户的信任。”

华为人把客户置于如此高的地位，与任正非始终紧盯客户的示范作用是分不开的。

华为明确规定员工不许招待上级，上级也不许接受下级的招待。甚至，任正非不允许接机，即使接自己也不行。因此，任正非乘飞机出差抵达目的地时从来没有前呼后拥，总是自己提着行李箱穿梭于人流之中。有时，员工开车接机都会被他臭骂一顿，他斥责员工：“客户才是衣食父母，有时间就要围着客户转，别做没有意义的事。”他也时常告诫下级：“你们要脑袋对着客户、屁股对着领导，不要为了迎接领导就像疯子一样从上到下地忙成一团。”

为了保持与客户的良好关系，任正非要求，即使华为研发的副总裁也要服从与客户每周定期会面的制度。他认为，坚持与客户共同交流才能了解客户的想法，客户的要求能督促企业的进步，想要取得更大进步，就要不断地与客户交流沟通。

在任正非的带领下，华为人明白，比谨记于心更重要的是付诸行动，客户的满意度被他们奉为行动的指南，时刻调整脚步跟上客户的需求是他们奋斗的目标。

在华为刚进入欧洲市场的时候，很多欧洲人对华为十分不屑。在他们看来，中国的优势是低廉的劳动力、廉价的产品，通信科技根本无法在这个国家生存发展，因此华为产品总是被拒之于门外。面对这种情况，华为并不急于向欧洲客户推销自己的产品，而是印制了许多反映中国繁荣发展的精美图册赠送给他们，并免费请客户来中国参观游玩，了解中国发展的现状。通过这些方法，他们最后终于取得欧洲客户的信任，为企业的发展打开了一片新天地。

正因为始终奉行客户至上的原则，高举“以客户为中心”的旗帜，华为才能铸就今日的辉煌。

客户永远是对的

在消费者眼中，好的服务是能够满足自己的需求，而不是服务人员指手画脚告诉自己什么该做、什么不该做。裁定孰对孰错、是非黑白的是法官，而不是提供服务的企业。

同理，“以客户为中心”是要企业以客户的需求为导向，善意的提醒有时是必要的，但是如果客户有不合理的要求怎么办？如果断然拒绝客户的一些看似不合理的要求，那这个服务人员就是不称职的。

什么是不合理的要求？立场不同，所得到的结论也就不同。

如果客户提出的要求企业现阶段无法满足，对于企业来说，这就是不合理要求。但是从客户的角度来说，客户为企业提供的服务支付报酬，企业却无法满足客户的要求，这才是不合理的。企业达不到客户的要求，只能说明企业的能力低下，是不合格的企业。

因此，企业不能只站在自身的角度一味地批评客户的要求不合理，认为客户是错的，这是企业思想狭隘和不思进取的表现。

任正非曾说，绝大部分客户的需求通常表现在实惠的价格、过硬的质量及完善的服务方面，客户通常都是以这三点为标准选择合作对象。因此，在一般情况下企业认真做到以上三点，客户便不大可能会在鸡蛋里挑骨头。

要做到从客户的角度看问题，满足客户的需求，就不能和客户的价值观相悖。甚至，在心里要有“客户的价值观就是自己的价值观”的想法，只有形成了这样的思维模式，才能真正明白客户想要的是什么。

华为深谙其中的道理，并向所有员工提出了要求：必须以客户的价值观为导向，实现公司的价值，要深入了解客户的价值观，并使之成为奋勇前进的指向标。任正非曾要求：“我们必须以客户的价值观为导向，以客户满意度作为评价标准，公司的一切行为都是以客户满意程度作为评价依据的……以客户满意度为企业标准，孜孜不倦地去努力构建企业优势，赢得客户信任……我们宁可在产品研制阶段多增加一些设备，只有帮助客户实现他的利益，在利益链条上才有我们的位置。”

某次，华为的技术员们结束了一天的工作准备回家，此时忽然接到了客户的一个电话。客户十分愤怒，他大声谴责因为华为的技术问题给他造成了很大损失。几个技术人员二话不说，马上赶到客户处检查。经过一系列测试，技术人员认定问题并不出在华为。这时客户却说华为技术人员推脱责任，不允许技术人员离开。但技术人员并没有愤怒回应，只是耐心地一步步向客户解释，并提出可以帮助客户检查其他终端接口。经过进一步测试，发现了问题出在另一个终端，技术人员耐心地告诉客户可以请另一个终端的技术人员过来检修。最后，直到客户的网络能够正常运行了，华为技术人员才离开。客户此时也感到不好意思，连连道歉，称是自己的错误。华为技术人员则回答说华为技术人员就是为顾客服务的，顾客的满意就是华为的目标。

华为技术人员一直以客户的满意和利益为奋斗目标，站在客户的立场上开展工作，奉行“客户至上”的原则。华为能够在通信市场占据一席之地，靠的就是客户间口口相传的口碑。这份“口碑”不仅体现了华为为客户带来利益的一面，也展示了华为专注于服务态度的一面。

2019 年 1 月 30 日，华为启动了“电信云”集采项目，此时距离农历新年只剩下 6 天的时间。有一家客户要求必须在 2 月 28 日前交付，项目经理孙沛龙感到了前所未有的压力。

孙沛龙粗略地估算了一下时间，不计放假，留给整个项目组的时间只有 17 天。这让所有组员错愕不已，对这么严格的时限要求都感到难以置信。有个组员说：“我没听错吧？这么短的时间内绝对不可能完成啊！”倒不是组员有意抱怨，因为这个网组方案同时包括交换机、路由器和解决方案三大项目，即使是单品集采项目的验证准备时间都需要 3~6 个月。而现在需要在不到 20 天的时间里完成交付，对所有人来说都是一个巨大的挑战。

可是客户不接受“不可能”，组员们也没有被“不可能”吓退。

搬家公司放假，所有设备的移动、搭建都需要自己动手。NE40E-X16A 路由器 150 公斤，12800 交换机 130 公斤，为了将这两个“大家伙”安置好，队员们只能使用自己车里的千斤顶。即使条件这样，还有人开玩笑地说：“哥几个就当在健

> 身房锻炼了。”
>
> 他们争分夺秒，甚至在腊月二十九那天都奋斗到夜晚，同时对于产品的质量也是严苛至极。有一次测试，他们发现一个大于1秒左右的倒换结果概率，SA&SE团队回复：“0.1秒都不能多，我们会尽快提供解决方案。”也正是这种偏执的精神，保证了华为产品完美的品质。最后客户对华为提供的服务没有任何挑剔，组员们却说“今天的运气真是太好了”。

究竟是实力还是运气，其实所有人都心知肚明。“电信云”集采项目组的偏执和奋斗也印证了任正非“客户是华为唯一存在的理由”的理念，为华为赢得了利润和口碑。口号喊得再响亮，如果不能脚踏实地地落实到行动中，那就毫无意义。所有人都知道“客户永远是对的”在华为是“圣旨”，因为华为人就是这么做的。

> 2018年1月，有消费者投诉华为某一产品品控有问题。任正非和华为高层对此事十分重视，并立刻成立专门调查小组进行彻查。后经核查，发现确有此事。于是，华为在第一时间对客户进行补偿，取得了对方谅解。随后，华为在1月17日发表内部文件，其中写道：“近年，部分经营单位发生了经营质量事故和业务造假行为，公司管理层对此负有领导不力的管理责任。经董事会常务委员会讨论决定，对公司主要责任领导作出问责，并通报公司全体员工。”华为决定对任正非罚款100万元，郭平、徐直军、胡厚崑、李杰分别罚款50万元。

当自己的工作出现失误并且已经损害到客户的利益时，华为表现出来的认错态度值得肯定。而此后的弥补和自我惩罚措施，也算是给每个华为人敲响了一次警钟，让他们意识到必须时刻秉承着“客户永远是对的”的理念。

华为能取得如今的成就，并非只是因为他们专注于通信技术的研发，还因为“换位思考，相信客户永远都是对的”这个服务理念植根于每个华为员工的大脑中。正是这种完全服务于客户的意愿、默默耕耘的精神才能让华为在通信科技领域大放异彩。

做大市场，服务先行

目前，华为的产品和技术覆盖了全世界170多个国家和地区。据华为年报显示，

2018 年，华为不仅在收入指标上稳居全球电信设备市场第一，而且在净利润方面远远超过排名其后的爱立信、阿朗、诺基亚、中兴通讯这四家公司之和。华为在三十多年的时间里，创造了令所有通信科技企业都望尘莫及的成就。

市场越做越大，靠的自然不是竭泽而渔的营销手段，而是先把实实在在的服务质量摆在客户眼前，客户自然就会源源不断地找上门来。

华为内部刊物《华为文摘》曾刊登一篇名为“如果没有奇迹，我创造一个给你”的文章，作者是 GSM 网络集成部的刘梦楠，文中记录了她为争取客户所经历的磨难和付出的努力。

2017 年 1 月 13 日，华为 SPDT 成立了 M 单车专题小组，并希望能在一周的时间里整合客户最新的第一手信息向全球展示。但当时华为与该客户的公司之间并没有合作关系，想要获取一手信息自然不会太容易。刘梦楠在领导的授权、鼓励之下，开始了开拓客户之旅。

她通过客服电话要到商谈邮箱，以华为的名义发了邮件，但是对方没有回应。接下来，她通过朋友找到和对方洽谈的机会，可对方仍没有回应。她又亲自从西安前往北京登门拜访，结果却被拒之门外。即使是这样，刘梦楠仍然没有放弃。功夫不负有心人，最终她辗转拿到了客户 CTO 的电话，并成功预约到见面商谈的机会。

最终，华为在 GSM 领域多年耕作的经验，完美契合了客户在 QoS 保障、定位等方面的迫切需求，并且在 OPEX、平滑演进等方面，为客户的产品进行了功能上的增强。

对于华为来说，真正想要做大做强，仅仅依靠国内市场是不够的，因此他们早早地就把眼光投向了世界。1996 年，华为开始走出国门；到现在，华为的产品和技术已经遍布全世界。华为产品不仅在传统市场销售方面稳步增长，而且实现了国际各大主流市场的全线突破，成为国际电信市场的主流供应商。

2019 年 7 月前后，沃达丰、Three、EE、O2 等几家英国电信运营商克服重重压力，和华为开展合作，开发英国本土的 5G 网络。

沃达丰在英国开通 5G 网络服务的七座主要城市中，华为参与其中的就有六座；华为帮助 EE 建设了数百个 5G 网络站点，极大地推动了英国 5G 网络的发展；

另外，华为和 Three、O2 也开展了 5G 网络方面的深度合作。

华为既能让国人满意，又满足了国际企业的需求，靠的是什么？靠的就是优质的服务。

坚持普遍客户原则

华为为何能把处理与客户之间的关系做成艺术？多少企业为了“取得真经”一次次派领导、员工来华为考察学习，其实华为让客户满意的诀窍一直实实在在地摆在大家眼前，那就是任正非一直深信不疑的“普遍客户原则”：“我相信，这就是华为和西方公司的差别。我们每层每级都贴近客户，不放弃对我们有利的任何一票。”

对于能够接近客户的机会，华为从不轻易放弃。任正非始终认为，要为客户提供优质的服务，首先应该了解客户的需求。只有这样，才能让客户感受到华为想要给予他们的服务是全方位的。

有些企业为了盈利，通常是哪里有利可图、哪里出成果快就去哪里，而那些无利可图的项目或者领域，即使是市场的重要组成部分，也很难得到他们的重视。可是，要把这一套“陋习”搬到华为肯定是不被接受的。华为历来重视与所有客户的交流，争取在每个地区都与客户保持密切联系。在全国的地级市中，华为设立了 300 多个地级市本地网，每一个华为本地网的技术人员始终与客户保持着紧密的联系。只有紧密联系客户，才能真正明了客户需要什么。因此，这种紧密的联系对华为来说是不可估量的财富。

华为的“普遍客户原则”还体现在对所有客户的关怀上。大多数企业往往只关注客户的高层人物。所以，经常可以看到一些大型公司对客户企业的高层毕恭毕敬、彬彬有礼，对客户企业的基层人员却视而不见。这种情况很少发生在华为，这可能与它的发展经历有关系。华为也经历过走投无路、苦求生存的时期，接触不到客户企业的高层，只能从对方的基层人员入手，平时和他们聊天、拉关系。别的企业招待的是老总之类的高层，华为请不到，就和老总的助理、秘书、科员、司机吃饭。凭借这种另辟蹊径的做法，华为收获了一大批基层客户的信赖。华为就是这样在实践中淋漓尽致地展现了“普遍客户原则”。正如任正非所说：“一个不起眼的细节和一个不起眼的角色很容易决定在一个项目中华为的去留。”

在巴塞罗那世界移动通信大会上，全球前50大运营商的老总、重要人士全部出席。一位记者想方设法进入华为展览馆，见到了任正非，想要偷拍下任正非的身影。不巧，他的行为被任正非发现了。令人意外的一幕发生了，任正非不仅没有生气，反而主动要求与其合照。记者激动不已，却想不通任正非如此行事的理由，直到一位友人提示："他可能把你当成客户了。"虽然任正非知道记者不是重要人物，可是只要是一个潜在的客户，他都会奉为上宾。

任正非也告诫员工："我们每层每级的干部和员工都要贴近客户、解决客户的问题，这样客户就会给我们一票，一票一票加起来，就是好多票。最后，即使关键的一票没搞定，也没多大影响……"

大客户带给企业的利润往往是普通客户无法比拟的，因此很多企业的管理系统中只储存大客户的数据，却很少对普通客户进行数据分析。任正非告诫员工重视与普通客户的关系，在订单处理上必须一视同仁，客户资源一定要多样化，不允许只盯着大客户，因为今天的普通客户有可能就是明天的大客户。华为能取得今天的成就不是一蹴而就的，是多年来不放弃任何客户一点一点积累而来的。

20世纪末，国内运营商迎来了重组的重要时期，几乎没有客户向华为下订单。此时的华为只好把目光转向了国外。但在当时，国外企业根本不相信中国能生产出通信设备。华为的一批技术人员来到俄罗斯想要开拓市场，然而一个不知名品牌要在异国他乡打出一片天地难如登天。最后只剩下几个人留守在那里，苦苦守候一个可以打开市场的契机，这一等就是6年。终于有一个运营商在设备出问题时毫无头绪，只好让华为试一试，华为抓住了这次机会圆满解决了问题，这就是华为在海外的第一笔订单，只有38美元。看似少得可怜，但如果没有这个开始，就没有华为后来的遍地开花。

"普遍客户原则"使华为摆脱了许多企业手高眼低、一味追求利益最大化、忽视客户体验的陋习。在这个原则的指导下，华为人全心全意为客户着想，善待每一位客户、尊重每一位客户，这样的企业才会有不可估量的前途。

为用户提供标准化、专业化、多元化、产品化的服务

进入2000年以后，随着华为的迅速发展壮大，与他们交易往来的客户越来越多，华为顺应时代发展的潮流，改变了过去以做好"售后服务"为主的服务策略，推出新的"为用户提供标准化、专业化、多元化、产品化"的服务策略。

华为从低层次、低增值的维修型服务，转变为高层次、高附加值的应用型服务，依靠的就是这"四化"（如图2-1所示）。

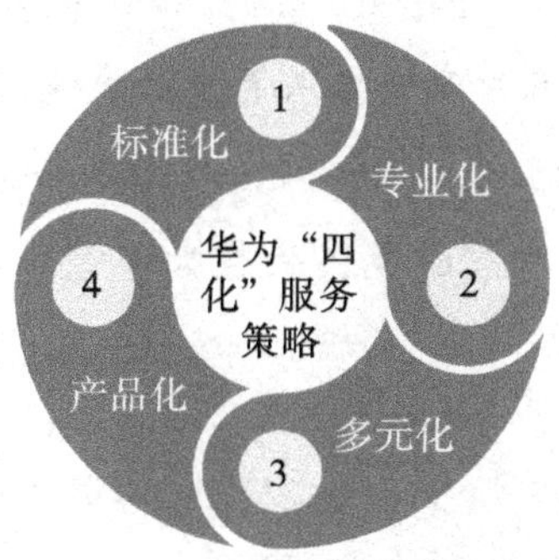

图2-1　华为"四化"服务策略

1. 标准化

华为有专业的服务团队，囊括了三级专家、四级专家、五级专家在内的数千名服务人员。华为在服务人员中建立任职资格体系，以利于提升他们的专业水平，同时也实现了服务人员从单纯的售后服务向服务营销的转型。

华为有统一的、专业的服务规范，服务流程的每一个环节都有详细规定，这为服务标准化提供了依据。

> "质量是个人或企业的尊严和自尊心，质量就是符合特定客户的特定要求，追求零缺陷就是一次把客户要求的事情做对做好……"这些铿锵有力的话语来自华为公司的《服务规范手册》。该手册包括服务理念、服务口诀、正文（安装服务标准）三大部分，共30余页。其中每一项目的安装标准都有20余条，这些系统严密、条分缕析的标准化规定正是服务标准化的保障，使服务有章可循、有据可依。

华为还设有专门的质量监控部门，围绕服务的效果和客户的满意度对所有的服务

活动和服务质量进行监管，这是华为提供给客户标准化服务的有力保障。

华为广泛与外部服务企业合作，这使华为得以从基础性服务中剥离出来，以更充裕的人力资源致力于创新服务和高端服务。

2. 专业化

华为在向用户提供现场专业支持服务的基础上，还通过远程技术支持服务确保用户的问题可以在第一时间得到最优解决。

> 华为为客户提供了热线、E-mail、网页和远程诊断四种基本远程支持服务。这样一来，就能保证华为的客户和服务人员无论在世界的哪个角落，一旦发现问题，便可以通过先进的信息网络在第一时间内将问题转达给服务中心。大家启动智慧、运用经验，把最好的解决方案以最快的速度传达给现场服务人员和客户，确保问题尽早得到完美解决。

华为在全国有数十个技术支持中心，为客户和合作伙伴提供持续的、及时的、优质的、专业的技术咨询、技术支援和技术服务。

同时，华为为用户提供可靠的代理商保障体系，实行代理商资格认证和专业化管理制度。这就是华为为客户提供专业化服务的基础，也堪称专业化服务的典范。

3. 多元化

由于近几年全球电信业增速放缓，电信设备供应商的日子并不好过。全球电信市场趋于饱和，已经进入了成本竞争阶段，各大企业一直在打价格战，利润率越来越低，很多设备供应商面临着前所未有的压力，不得不调整产品竞争策略。华为公司要想保持竞争优势，就不能只依赖传统设备产品，而应该采取提供服务产品、消费产品的多元化策略。

> 《华为基本法》规定：为了使华为成为世界一流的设备供应商，我们将永不进入信息服务业。2011 年 1 月，华为与中南传媒携手，进军数字阅读市场，打造了一个面向全球用户的专业数字出版与运营平台。这一行动标志着华为已经进入信息服务领域，其 15 年前制定的《华为基本法》正在被打破。正所谓时移世易，企业要想保持持久的优势，就必须紧跟市场，适时调整产品战略。

从单纯地卖设备到提供软服务，这是整个电信行业的发展趋势。华为从智能手机、网络、网络接入业务入手，展开了多元化生产和服务。华为在 2018 年的总销售收入达到 7212 亿元人民币，其中消费者业务销售收入超过 3489 亿元人民币。2019 年 10 月 22 日，华为消费者业务手机产品线总裁何刚宣布，华为智能手机发货量已超过 2 亿部。这正是华为多元化服务带来的效益和成就。

4. 产品化

现如今，产品和品牌的同质化现象越来越明显，市场竞争日益残酷。产品销售处于低利润状态，甚至出现零利润、负利润。在这样的背景下，优质的服务就成为企业的核心竞争力，也成为企业赢取利润的一个重要来源。换句话说，服务使产品更具价值。产品化服务就是在规范化服务的基础上，开展针对不同客户群体的服务，包括巡检、代理维护、设备维护包干、专人值守服务、合作运营、客户培训等，我们常称之为“保姆式服务”“一站式服务”。

京东 CEO 刘强东曾经在极客公园创新大会上表示，面对互联网硬件的冲击，传统家电公司变革反应最慢，因此给了广大创业者巨大的机会。“未来冰箱应该完全免费，而通过背后的数据和服务去赚钱。”

他解释说：“冰箱行业的毛利率曾经一度超过 60%，现在在京东等电商的压力下才降到了 10% 左右，但是在我看来这还不够，冰箱应该完全免费。”

“冰箱里可以有很多传感器，能够感应到你放了多少饮料、蔬菜、水果、肉类等。如果你买了我的冰箱，允许我获取数据，冰箱就可以免费送给你，然后厂商再通过互联网的方式赚钱。比如你冰箱里边没有饮料了，可以根据屏幕上推送的购买信息，一键购买。”

这种赚钱方式，等于是把一次性赚一件商品的钱，变成了重复性赚一家人的钱，是一个无限广阔、长久的市场，这才是产品化服务厉害的地方及其真正的意义所在。

通过产品化服务，不仅可以解决客户的高端需求，还能提高企业的市场盈利能力，从而实现互利双赢。

第三章
绩效工具：用思想和制度武装头脑

绩效管理是人力资源管理的核心，绩效管理工具不仅从思想上让员工有了提升能力和竞争力的意识，更从制度上给员工制定了一个具体的衡量指标。不同的绩效工具具有特征、内涵和操作方法，让员工在规范自己的行为时有一个更具体的标准，也更方便管理者在管理上有据可依，充分实现绩效管理的作用，实现企业目标价值的最大化。

《华为基本法》是华为绩效管理的根本大法

在一个企业中，绩效考核结果与每个人的利益是直接挂钩的，它不仅关系到一个人的工资、奖金，还关系到一个人职位的晋升。所以，绩效考核的结果是每个人都非常关心的问题，考核的公平和公正也是每位员工最关注的问题。

《华为基本法》是华为绩效管理的根本大法。《华为基本法》第四章“人力资源”第三节“考核与评价”部分的第六十五条和第六十六条中有关于绩效管理的详细规定。

> 在第六十五条“华为员工考评体系的建立依据基本假设”中，提出了五条基本假设，其中有两条提到了绩效考评：
>
> 3. 工作态度和工作能力应当体现在工作绩效的改进上。
>
> 5. 员工未能达到考评标准要求，也有管理者的责任。员工的成绩就是管理者的成绩。

在接下来的第六十六条中，则是对考核和评价的体系作了一个具体、详细的规定。

> 第六十六条：建立客观公正的价值评价体系是华为人力资源管理的长期任务。员工和干部的考评，是按明确的目标和要求，对每个员工和干部的工作绩效、工作态度与工作能力的一种例行性的考核与评价。工作绩效的考评侧重在绩效的改进上，宜细不宜粗；工作态度和工作能力的考评侧重在长期表现上，宜粗不宜细。考评结果要建立记录，考评要素随公司不同时期的成长要求应有所侧重。

“建立客观公正的价值评价体系是华为人力资源管理的长期任务”，这句话是华为绩效考核和评价准则的总纲领。

“员工和干部的考评，是按明确的目标和要求，对每个员工和干部的工作绩效、工作态度与工作能力的一种例行性的考核与评价。”这相当于给企业对干部和员工的考评下了一个明确的定义，而考核评定的内容则是“工作绩效、工作态度和工作能力”，其中“工作绩效的考评侧重在绩效的改进上，宜细不宜粗”。

从《华为基本法》的这两条规定可以看出，华为主要从以下两个方面进行绩效管理。

1. 绩效考评

员工的绩效考评，不仅仅包括工作绩效，还包括工作态度和工作能力。而对于工作绩效的考评，“侧重在绩效的改进上，宜细不宜粗”。华为的岗位绩效考核指标非常详细，它把所有能够量化考核的内容都进行了量化；一些不好量化的事情，也在每一个步骤上作了较为详细的规定，以保证员工绩效考核的精准和公正。

例如，在人力资源部门，负责招聘的 HR 招聘的员工人数可以量化，但是招聘的员工能不能按时到岗、员工是否符合企业岗位要求、招聘到的员工后期的留存率是多少、不能留下的员工离开的理由是什么等，这些都不好量化。针对这些指标，华为在 HR 的岗位绩效考核说明中都有非常详细的规定。除此之外，HR 部门有没有完成对新人的入职培训、培训完的员工是否合格、能不能达到上岗的要求等，这些也是考核 HR 的指标。

2. 对管理者的考评与对员工的考评相结合

华为的考评是全员考评，既包括员工考评，也包括干部考评，而且，对干部的考评与对员工的考评是相结合的。《华为基本法》第六十五条第 5 款规定：“员工未能达到考评标准要求，也有管理者的责任。员工的成绩就是管理者的成绩。”员工的绩效与管理者的绩效是直接挂钩的，员工绩效没有做好，管理者也要承担一定的责任。这样的规定也促使管理者可以尽心尽力去帮助员工提升工作绩效。

“华为铁三角”是实现高绩效的有力保障

“华为铁三角”来源于 2006 年华为苏丹代表处一次失败的经历。当时，在只有一个竞争对手的情况下，华为苏丹代表处的团队却没有拿下那个项目的标的。这样的结果让成员非常意外，他们下定决心一定要找到这次失利的原因。

回顾这个项目前期的准备过程，他们发现了问题所在。

首先，无法做到信息共享，客户经理在前端掌握的信息不能很快地传到后端，产品经理无法精准掌握客户的需求，导致产品无法完全符合客户的要求。

其次，团队各部门之间缺乏有效的沟通，交付线不懂客户，客户线不懂交付，产品线只关注报价。

再次，部门之间没有做好协调。在整个项目执行过程中，每个部门都各自为政，只关注自己部门的工作，却没注意与其他部门的协调和配合。最后的结果就是，每个部门都做得很好，但是，却没有达到客户想要的结果。每个部门都盼着客户快速签单，却忘记了他们存在的价值在于满足客户的需求。

找到了问题所在，也就有了解决问题的方案。这个团队提出，建立由客户经理、产品经理和交付经理为核心的业务核心管理团队，形成铁三角模式。

确定铁三角模式后，这一模式也很快展现了它的魔力，应用这个管理模式，苏丹团队一次次取得成功。经过三年的磨砺，这个团队在2009年获得了苏丹运营商全国G网最大的项目。在给华为高层领导汇报的时候，他们这样写道："三人同心，其利断金，就叫'铁三角'吧。"

"铁三角"模式取得成功后，很快在华为内部以星火燎原之势被推广开来，华为各业务部门、各系统、各领域、各环节都使用了这种全方位的团队运作管理模式。

不仅如此，2009年的华为，在整体上出现了一个跳跃性的进展：2009年的销售收入达到了1490亿元人民币，比上一年增长了19%；净利润率达到12%，同比上一年的净利润率增幅超过了100%；应收账款天数减少了2天；整体运营管理能力明显提升，管理费用下降了1.4%……也就是在这一年，华为超越了诺基亚、西门子等对手，成为仅次于爱立信的全球第二大电信设备商。

自此，"铁三角"模式成为华为标杆性的团队组合模式，为华为带来了巨大效益，也为其他企业提供了学习和效仿的模板。

1. 项目铁三角与系统铁三角

"华为铁三角"包括项目铁三角和系统铁三角。项目铁三角是这一模式的核心，它主要应用于市场营销系统，是最贴近客户、最容易感知市场变化的团体；系统铁三角是项目铁三角在管理层的延伸，它为项目铁三角提供资源方面的支持，还为项目铁三角团队的业务开展和能力培养构建平台。

项目铁三角主要由客户经理（AR）、解决方案经理（SR）和交付专家（FR）组成（如图3-1所示）。

客户经理主要负责维护客户运营，把客户关系做扎实，防止竞争对手把客户抢走；在交易后期的回款环节，客户经理可以利用良好的客户关系达到快速回款的目的。

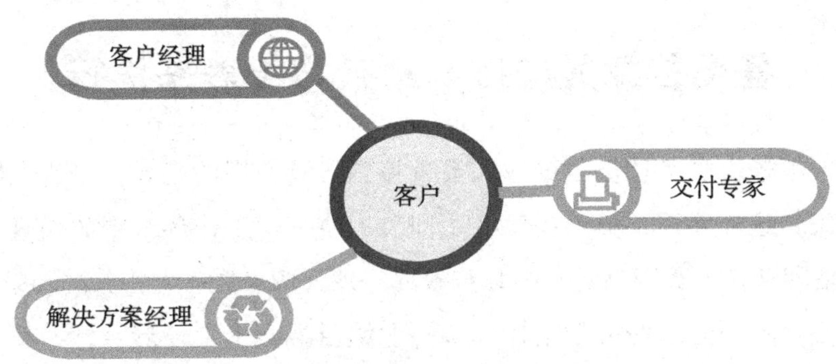

图 3-1　华为的项目铁三角模式

解决方案经理需要拿出有竞争力的解决方案，以便自己的团队能够拿下项目。解决方案经理需要具备很强的专业能力，保证解决方案的专业性。

交付专家负责端到端项目的管理和监控，确保系统内部的各个项目、子网的客户体验一致。交付专家需要在项目立项初期就参与进去，全程了解项目的进展情况。

2. 三个角色需要协调作战

铁三角模式是把需要一个团队完成的事情，按照项目需要的能力分成三部分。每个部分在承担自己职责的同时，还要与其他两个部分密切合作，形成一个整体，共同完成项目。

正如任正非所说："铁三角并不是一个三权分立的制约体系，而是紧紧抱在一起生死与共、聚焦客户需求的共同作战单元。它们的目的只有一个：满足客户需求，成就客户的理想。"

2. 铁三角是一个可以延伸、随时调整的模式

铁三角的模式不只适用于销售部门，其他部门和团队也都需要这样的模式。所以，华为不仅有市场和销售部门的"铁三角"，还有管理层的"系统铁三角"，并继续延伸出铁四角、铁五角的模式。

无论是铁三角还是铁四角、铁五角，本质上都是一种以项目为中心的团队管理模式，是在深度把握客户需求的情况下，对客户进行立体营销，从商务、交付、产品解决方案等方面满足客户需求。

铁三角模式不只适用于华为，也适用于所有的企业和组织。就像当初打造铁三角模式的苏丹团队的成员们所说的那样："三人同心，其利断金！"

各岗位绩效应按照绩效指标表来执行

岗位绩效考核表是考核员工绩效的最直接、最易使用的工具。华为的绩效指标制定得非常详细，这样保证了员工在每一个岗位、每一个工作环节中的表现都能得到较为精准的评估和考核。我们以研发中心技术部经理为例来看一看华为的绩效指标表。

研发中心技术部经理的绩效指标表包括业绩目标、个人发展目标、行为目标、管理目标四个部分。其中，业绩目标在整个绩效考核中占的比重最大，占比为 60%，行为目标占比 20%，管理目标和个人发展目标各占比 10%。

1. 业绩目标

业绩是考核员工能力最直接的指标，所以，华为的业绩目标从具体目标到行动计划再到衡量标准，甚至具体到每个阶段目标完成的百分比和具体时间，都有详细的规定（如表 3-1 所示）。

表 3-1　技术部经理的业绩目标

业绩目标			权重	60%
业绩目标	行动计划	衡量标准	完成时间	权重
提升新技术研发效率	1. 技术研发方案实施 2. 技术研发成果	技术方案采用率≥ 30%，工作目标按计划完成率≥ 90% 开发成果验收合格率≥ 30%，技术重大创新≥ 3 次	12 个月	20%
提升技术转化为新产品的能力	1. 申请研发新技术数量 2. 技术可行性	科研项目申请成功率≥ 30%，科研课题完成率≥ 60% 产品技术稳定性，试验事故发生次数	12 个月	10%
降低新技术研发成本	技术研发费用控制	技术研发费用控制率	12 个月	10%
…………	…………	…………	……	……

2. 个人发展目标

个人发展也是企业未来发展的一部分，所以，个人发展目标也是华为考核员工绩效的一部分（如表 3-2 所示）。

表 3-2　技术部经理的个人发展目标

个人发展目标			权重　10%	
个人发展目标	行动计划	衡量标准	完成时间	权重
提高技术知识水平，开发创造新的科研项目	巩固现有知识，并不断吸收新信息；根据市场分析，将多方知识结合用于研发新产品	获得的技术资格证书；专利申请数量；参加研讨会的次数	18 个月	40%
提高管理能力	参与所负责项目的系统分析及架构设计，监督、审核项目的阶段性目标，统筹项目开发工作	研发项目按计划完成率	12 个月	30%
注重员工培养	负责研发队伍的建设与培养，经常组织开发人员的培训学习，强化开发技巧，提高研发能力	参加培训的次数；培训考核的成绩	12 个月	30%

3. 行为目标

责任心、信息安全与保密意识、协作精神和进取精神作为行为目标的几个板块，在整个行为目标的考核中占有不同的权重（如表 3-3 所示）。

表 3-3　技术部经理的行为目标

行为目标		权重　20%
行为目标	定义	权重
责任心	责任心是指对研发工作勇挑重担、敢于负责所表现出来的行为	30%
信息安全与保密意识	信息安全与保密意识是指能严格按照公司《信息安全管理规定》的要求，保守公司研发机密的行为	30%
协作精神	协作精神是指能够关心下属，并与合作者建立良好关系，协同完成工作的行为	20%
进取精神	进取精神是指有很强的开拓进取精神，愿意承担风险和责任的行为	20%

4. 管理目标

与行为目标一样，管理目标也分成几个不同的板块：计划制订和执行能力、质量控制能力、成本节约、员工关系管理，每个板块都在考核占有不同的权重（如表 3-4 所示）。

华为的绩效指标，不仅包括绩效和能力，也包括态度和行为，每个目标都非常详细。对于行为目标和管理目标中一些不能量化的事项，在详细进行目标分解的基础上，对每一个分解出来的板块都给出明确的定义，让这些指标也有了明确的衡量标准，保证了考核的相对精准和公平。

表 3-4　技术部经理的管理目标

管理目标		权重　10%
管理目标	定义	权重
计划制订和执行能力	能制订可操作性强的研究计划，并能切实把握项目进度，使项目按计划进行的能力	30%
质量控制能力	能对项目的工作质量进行很好的控制，并迅速解决工作中遇到的困难的能力	30%
成本节约	通过对流程和研发项目的控制，在确保完成研发计划的前提下，减少研发投入的能力	20%
员工关系管理	能够与下属建立和谐关系，协调下属之间的矛盾，有效管理员工的能力	20%

绩效指标表做得再好，不能落地实施也没有意义。而华为成功的关键，就在于华为人能够把每一项指标都很好地落地实施。

1. 随时真实地记录

在员工绩效形成的过程中，管理者要做好随时发生、随时记录。对于员工工作中存在的比较突出的问题、优秀的表现等，都随时记录，作为考评时的参考；管理者在其中的指导和建议，也作为考评管理者的参考依据。

2. 及时沟通

通过随时沟通，管理者既可以对员工的突出表现给予肯定和认可，又能对员工工作中存在的不足做到及时提醒。而对于考核评定过程中出现的责任问题，也可以及时予以界定，并找到相应的承担者，在员工和管理者共同认可评定结果的情况下进行改进。

3. 上报

考核结果层层上报，保证了执行过程中的每个环节都能及时落地，并顺利执行。

4. 投诉处理

对于考评结果不满的员工，可以在一定时间内向上一级主管或直接向人力资源部门投诉，相关部门应重新进行评估，确保评估的公平公正。

通过以上措施，华为制定的绩效考核指标得以顺利地落地实施，并在最大程度上做到公平公正，让每一位员工的绩效都能得到及时、准确的评定，也为其他企业提供了可以学习的样板。

高效培训，提升员工的竞争力

对在职员工进行培训，通过培训的方式提升员工的工作技能和竞争力，这几乎是所有企业都会开展的一项业务。与其他企业相比，华为的培训也可以说是独具特色。

华为对员工的培训，从新员工入职第一天就开始，一直贯穿于员工在华为的整个职业生涯。华为的培训不是大学里那种培训，而是在实战中进行培训，是一种“训战结合”的模式。

从刚入职的新员工到公司高层管理者，都有去华为大学参加培训的机会。任正非曾经说过一句非常经典的话：“我们华为大学，一定要办得不像大学。”华为大学的特色就是“训战结合”。在华为大学，基础知识培训只是很小的一部分，更多的培训是围绕具体业务进行的。华为大学要做的是为华为培养和输送可以“上战场打仗”，而且是可以打胜仗的人才，是对完成了基础教育的人才进行的再教育。

具体来讲，华为对员工的培训包括以下几个方面。

1. 新员工培训

华为会通过 3 个月系统的入职培训、岗前培训和在岗培训，帮助新员工尽快融入企业。

新员工进入华为之初，都要到华为总部进行为期 5~7 天的企业文化培训，让新员工了解华为的企业文化，理解并认可华为的价值观。

完成最初的入职培训后，华为会向每位新员工提供在岗培训。在岗培训以实践为主，新员工在导师的带领下，在真实的工作环境中一边实操、一边培训。具体培训内容因岗位不同而有所差别。例如，技术类员工要先参观生产线，实实在在地了解产品和生产流程；研发类员工则会被安排做模拟项目，以便快速掌握工作流程；派往海外的营销类员工，要先在国内完成为期半年的实操训练，在国内训练通过后才能派往国外。

2. 为每位新员工配备导师

华为大学的墙上有这样一句标语："用最优秀的人培养更优秀的人。"这是华为一直奉行的人才培养理念，也是华为人才辈出的原因之一。富有华为特色的导师制，让这一理念落实到每一位管理干部甚至每一位新员工身上。

华为会给每一位新员工都配备一名导师，对员工进行企业文化和岗位业务方面的培训，对有需求的员工，还会给予思想上和生活上的指导和照顾。导师的职能类似于部队的指导员，所以也称"指导员制"。通过导师引导，新员工可以快速融入企业，缩短进入企业的磨合期。

华为的导师不只是针对新员工，所有的员工都可能有自己的导师，包括管理者。在华为，担任导师的人也不一定都是管理者，但一定是能力强、可以胜任培养其他员工这个任务的人。即使是新员工，只要你在某个方面有非常突出的优势，也可以成为别人的导师。

3.721 法则

"721 法则"是华为独有的员工培训法则，其主要意思是：员工能力的提升，70%来自实践中的学习，20% 来自导师的帮助，10% 来自课堂学习。"721 法则"强调的是务实，在实践中培训才是最能提升员工工作技能的渠道。这种务实的法则，与华为培训体系"训战结合"的原则也是相符合的。

华为会组织导师和新员工奔赴各地参加软件训练营。训练营的设计内容也是遵循"721 法则"：公司会将研发流程、规范、培训材料发给新员工自学两天，这是"721 法则"中"1"的部分；通过自学对相关内容有了一定的了解后，再由专业导师结合具体案例进行教学，帮助员工更深入地了解相关流程，这是"721 法则"中"2"的部分；案例教学完成后，再用大约 3 天的时间，把员工所学到的技能拿到真实的场景和项目中实地演练，这是"721 法则"中"7"的部分；最后，对之前培训的内容进行考核，检验学习成果。

4. 自主学习

自主学习也是华为对员工进行高效培训的一部分。除了新员工培训和导师指导，华为还为所有员工提供了非常好的学习平台和学习条件。所有在职员工，在工作之余都可以到这个学习平台自主学习。

为了打造更好的数字化学习体验，华为在华为云和大数据平台上开放和运营了学习平台 iLearningX。

平台上的学习内容包括管理、人力、哲学以及相关的专业课程等，对全体员工免费开放。新员工在入职工作一段时间后，感受到自己在某些方面存在差距，或者希望更好地提升自己的能力和竞争力，都可以通过华为的自主学习平台进行学习。

平台还有自检程序，员工可以更具体地检测出自己与某个岗位要求之间的差距。例如，在华为，软件工程师分成 1~9 九个级别，每个级别工程师写多少代码、做过什么类型的产品等，都有很明确的量化标准，员工自检到自己的差距后，就可以有针对性地主动学习和提升。

如果员工感觉自己在某个方面存在短板，也可以通过在平台学习补齐短板。例如，感觉自己 C 语言方面的能力稍微差一点，可以通过 iLearningX 平台学习相关知识。

华为的培训体系，让每一位来到华为的员工的整体竞争力得到很大提升，让员工和企业的整体绩效都有了很大的提升。这一点也是值得所有企业学习的。

做好时间管理，提升工作饱满度

时间管理是提升员工绩效的重要利器。一个不能很好地规划和管理自己时间的员工，就无法高效率地工作，还可能把重要的事情遗漏，给企业造成损失。华为的时间管理专家在很多管理学规律的基础上，根据华为的具体情况，对其进行了深化和改革，形成了具有华为特色的七个时间管理法则。

1. 自省法则

自省法则，就是通过自我反省来分析自己的时间使用情况。我们每个人都会有很多未被意识到的时间浪费，感觉每天忙忙碌碌，等到一天结束时，却发现自己没做什么事情，也不知道自己的时间浪费在哪里了。

自省法则要求你必须有“时间管理”的概念，对自己每天的时间使用情况有一个较为准确的记录，在记录的基础上进行分析总结，找到时间被浪费的原因。例如，是无意识地刷手机浪费了时间，导致效率低下？还是对某些事情的时间安排不合理，工作没有完成或没有做好，导致后期花费大量时间去修复前面留下的纰漏？通过自省，找到原因，然后调整时间分配，避免无意义的浪费。

2. 目标法则

没有目标是时间管理的大忌。有了明确的目标，可以让你集中精力做事，从而提高工作效率。华为的时间管理专家在制定目标法则的时候，提出要让目标达到SMART标准。“SMART”是五个英文单词的缩写，具体意思如下。

S（Specific，明确的）：目标必须是具体的，不能笼统模糊。

M（Measurable，可度量的）：目标必须是可衡量的。

A（Attainable，可实现的）：目标必须是在付出努力的情况下可以实现的。

R（Relevant，相关性）：目标要有一定的相关性。

T（Time-bound，时限性）：目标必须有明确的截止期限。

3. 方圆法则

“没有规矩，不成方圆”。在华为的时间管理体系中，讲究对时间的管理要有一定的规矩和约束，规定什么时间做什么事情，就一定要做。具体来说，可以通过分解的方式，把时间分解到一件事情的每个具体步骤中，给每个时间段都设立一个规范和小目标，让时间变得可控，这样，做起事情来整体效率就提高了。

例如，想在工作之余放松一下，无论是运动、购物还是刷手机，都给自己设定一个具体的时间来约束，时间一到，必须马上停止。

4. 四象限法则

四象限法则是美国管理学家柯维提出的一个管理法则。他把所有的事情按照轻重缓急分成四个象限：重要且紧急、重要不紧急、不重要但紧急、不重要不紧急（如图3-2所示）。

四象限的核心是：重要但不紧急的事情，要比不重要但紧急的事情更重要。重要但不紧急的事情，如果不做，可能变成重要而紧急的事情；而不重要但紧急的事情，却不可能变得更重要。在此基础上，华为的管理者对这个时间管理法进行了深化和发展。

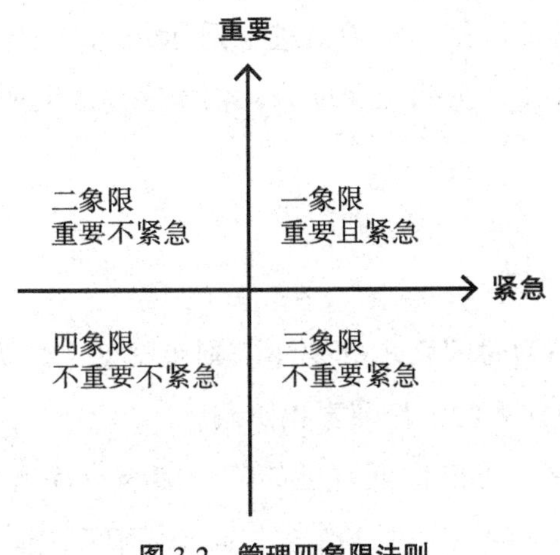

图 3-2　管理四象限法则

在第一和第二象限的时间分配上，大多数人会认为应该把主要的时间和精力放在第一象限重要且紧急的事情上，而华为的时间管理体系却主张，要给予第二象限的事情同样或更多的关注，甚至在时间分配上要超过第一象限的事情。

华为的时间管理专家认为，人们在过多关注第一象限重要且紧急的事情的时候，会给自己造成很大的压力，而高压状态下，人们容易进入精力枯竭的状态，这个时候，工作质量往往并不是很好。所以，在华为的时间管理上有这样一个原则：第二象限重要但不紧急的事情要提前做，不要把第二象限的事情拖延成第一象限的事情。

普通人在第二象限重要但不紧急的事情上花费的时间只有 15%，总感觉虽然事情重要，但是还有时间，不着急。而华为时间管理专家认为，应该在第二象限的事情上投入 65%~80% 的时间和精力，要在重要的事情变紧急之前将其解决掉。

所以，一个优秀的时间规划者，应当舍弃第四类的事情，收缩第三象限的事情，把大部分精力放在第一和第二象限上，尤其是第二象限，把更多的问题控制在第二象限来解决，这也是华为时间管理法则的独到之处。

5. 精简法则

精简法则，就是优化工作流程和细节。

管理学中有一个“崔西定律”：任何工作的困难程度等于其执行步骤数目的平方。例如，完成一项工作需要 3 个步骤，那么它的难度就是 9；如果完成一项工作的步骤是 5，那么它的工作难度就是 25。

华为的时间管理也遵循这一法则，无论是个人的工作量还是部门的工作量，都应该奉行“能省就省”的精简法则。华为引进了国际先进的 SWOT 分析法，对业务流程和工作环节进行分解和优化，去除冗余环节，化繁为简。同时积极利用各种办公工具，提高工作效率。

6. 韵律法则

韵律也就是节奏。华为时间管理的韵律法则包括两个层面的含义：第一是保持自己的工作节奏；第二是与他人的工作节奏相协调。

保持自己的工作节奏，可以保证自己的工作能够有序进行，工作效率得到提升。例如，你在工作的时候，一会儿做 A 工作，一会儿做 B 工作，这样工作节奏就比较乱。如果把时间做一下规划，把类似的工作集中在一起来完成，工作节奏就比较有序。

与他人的工作节奏相协调，一方面是更好地与其他人做好配合，另一方面是避免对别人造成干扰。

其实，这两个层面的意思是互相联系的。因为一般而言，维持自己的工作节奏，保证自己的工作按计划完成，也就等于配合了他人的工作节奏，没有打乱别人的节奏。

7.80/20 法则

80/20 法则又称“二八定律”，是意大利著名哲学家和经济学家帕累托发现的一条神奇的规律：社会上 80% 的财富被 20% 的人拥有，而其余 80% 的人，只拥有剩下的 20% 的财富。

华为把这个定律用在了时间管理上：把 80% 的时间用来做 20% 重要的事情，而这 20% 重要的事情，给个人或企业带来的成效往往能达到 80%；同时，把 80% 不重要的事情尽量压缩，只用 20% 的时间来完成，因为这 80% 不重要的事情只能取得 20% 的成效。这样的时间分配，保证了人们有足够的时间把重要的事情做好。

以上七个时间管理法则，构成了华为时间管理的框架，华为员工也在这个时间管理框架下合理地规划自己的时间，提升了自己的工作效率，让自己在单位时间的工作更加饱满。其他企业不一定完全照搬华为这七个时间管理法则，可根据企业情况，有选择性地利用其中的一个或几个法则，帮助员工规划自己的工作时间，提升工作绩效，这也不失为一个时间管理的好方法。

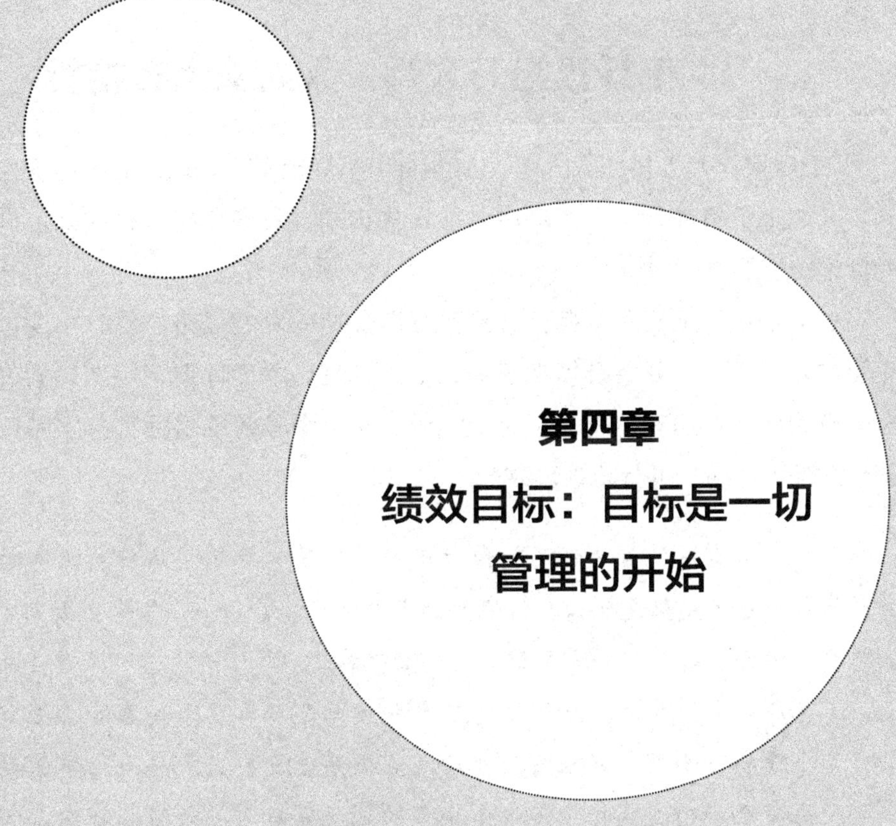

第四章
绩效目标：目标是一切管理的开始

华为获得成功的重要原因之一，就是华为有着完美的目标管理法。目标是一切管理的基础，而管理的最终目的是高效率地实现目标。当然，最重要的是小目标服从大目标，个人目标服从整体目标，短期目标服从长期目标。目标之间互为助力，才能成就登顶之路；反之，欲速则不达，无论对个人还是对企业的发展都有害无益。

千斤重担万人挑，人人头上有指标

“千斤重担万人挑，人人头上有指标”，这句话强调的是个体的责任。只有在压力和责任之下负重前行，人的潜能才能发挥出来，效率才能提升起来。这是企业采用目标管理的重要原因之一。

一个企业要想长久生存，必然要制定长期的发展战略；要有中期目标，也就是每一步的发展规划；更要有短期任务，如月计划、季度计划、年度计划，然后将这些目标分解到所有部门和所有员工身上，保证每一个具体的目标都落实到位。这样的目标管理才是可控的、可行的管理方式。

日本有一位著名的马拉松运动员，他是连续几届马拉松比赛的冠军。当人们问他夺冠的奥秘是什么时，他的回答非常出人意料——智慧！大家都知道体育比赛要拼体力、拼耐力，这个智慧是什么呢？

原来，他在每次比赛之前都会熟悉比赛场地，比如沿途哪里有座高楼、哪里有个商场、哪里有家银行。然后，他会预先设定完成整个比赛需要多长时间，并把每一个标志建筑物作为一个小目的地，算好用多长时间到达。到达第一个目的地之后，再向下一个目标冲刺，这样跑下来就轻松多了。

这个故事告诉了我们目标分解的重要作用。把大目标层层分解、量化管理，是企业成功实施目标管理的前提和关键。

目标管理是华为企业管理体系的重要组成部分。那么，华为是如何在绩效管理中对个体劳动者进行目标管理和量化管理的呢？

华为运行 PBC 绩效管理（如图 4-1 所示），PBC 是 Personal Business Commitment 的英文缩写，意思是个人绩效承诺。这是一个循环往复、不断前进的过程，包括绩效目标、绩效辅导、绩效评价、绩效反馈四个步骤。PBC 是绩效管理的载体，是华为公司绩效管理的重要工具，它贯穿于华为的整个绩效管理过程。

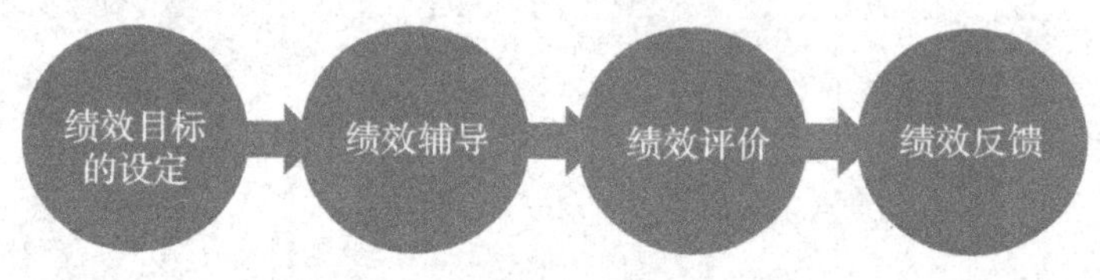

图 4-1　华为 PBC 绩效管理体系

1. 绩效目标的设定

管理者和员工首先就绩效目标达成一致意见，共同制定绩效承诺。华为 PBC 模板包括结果目标承诺（Win）、执行措施承诺（Execute）、团队合作承诺（Team）。

绩效目标包括绩效内容和绩效标准。简单地说，内容就是每个员工应该做什么，标准就是对员工工作效果的衡量。

绩效内容主要有以下四个来源：公司长期目标和部门整体目标；该岗位的职责；业务流程的目标；相关部门之间协作的要求。绩效目标由上至下层层分解，将企业目标分解到各个部门，再将各个部门的目标分解到个人，每个人、每个团队和每个部门之间也需要有效地沟通与协作。只有将绩效目标融入日常的管理、工作之中，它才有存在的价值。

2. 绩效辅导

绩效辅导是指管理者与员工讨论有关工作进展情况、潜在的障碍和问题、解决问题的办法、员工取得的成绩和存在的问题等，以帮助员工不断提升绩效。

绩效辅导应该伴随着绩效管理的始终。在开始设定目标时，管理者、员工的意见都应得到重视；在目标执行过程中，管理者不但要完成自己的绩效目标，还有责任帮助下属提升工作能力，帮助员工深入理解他们的职位职责，明确他们需要达到的目标结果。

绩效辅导的关键在于不但要发现执行中的问题，还要前瞻性地发现可能存在的问题，并积极解决问题。通过辅导，及时修正员工工作中的偏差，并且做好协调、部署，给予员工必需的资源支持，确保所有的工作都以完成绩效为目的而展开。

3. 绩效评价

绩效评价应以事实和数据说话，定量与定性结合，形成科学、客观的绩效考核结果。

在华为，管理者、绩效评价者和员工共同承担考核责任。一般情况下，项目组是员工的绩效评价者，根据员工绩效承诺的完成情况，提供事实依据，作出客观评价，评价者要对评价结果和评价依据的真实性负责；员工所在部门的直接主管是考核责任者，他们要综合评价者的意见，得出考核结果；直接主管的上级主管是考核复核者，对考核结果负有监督指导和沟通协调的责任，评价结果也要经过与员工交换意见才能最终确定。

4. 绩效反馈

绩效反馈是绩效管理的最后一环，也是重要的一环。根据评价结果，奖励优秀的员工，鼓励中等绩效员工和正常绩效员工，辅导督促低绩效员工，使他们可以不断改进。

在华为，公司会根据员工绩效考评结果实行有针对性的激励和处罚措施。只有赏罚分明，才能起到鞭策和激励的作用。

绩效反馈的目的还在于识别绩效管理机制中不适当的环节，适时对其进行改进、调整；或者根据企业战略、所处环境、员工等主客观因素的变化，调整绩效管理的相关环节、步骤、具体标准、条款，形成最合理、最有效的绩效体系。

每一项工作都必须为达成总目标而展开

每个企业经营的总目标，都应该是企业价值的增长、利润的增长、经营规模的增长。企业所有活动的展开、进行，都是为了达成这个总目标。

华为初创阶段的管理方式受任正非个人性格的影响较大：任正非关于理想的召唤和引领、经典的激情口号和语录、内部自我批评的交流方式等，共同构成了华为“土狼时代”最有效的激励方式。

1995 年，华为获得快速发展，规模也急剧扩大，原有的激励方法已经不适合用来管理这样一个大企业了，企业的各项工作陷入了僵局。

华为于 1996 年开始了全球化征程，在与欧美企业合作的过程中，企业的内部问题逐渐暴露出来了，例如缺乏量化的标准、没有评判和奖励的尺度等。任正非发现了这些问题之后，便开始向国际公司学习，借鉴其管理体系。因为企业必须遵循通行的商业价值观以及一系列标准流程和管理制度，这样才能更好地实现企业的价值目标。

1996 年，美国 HAY 咨询公司香港分公司的任职资格评价体系进入华为。

1997 年底，任正非先后访问了美国休斯公司、IBM 公司、贝尔实验室和惠普公司。华为采取了联盟策略，联盟者会考察联盟公司是否具备长期发展的潜力，他们会对联盟公司的业务流程、各种管理制度进行评估。这是一条间接路线，联盟者实际上起到了改变甚至重塑华为的作用。

任正非还斥巨资引进了 ISC（集成供应链）等供应链和产品开发的相应软件，聘请了德国国家应用研究院（FHG）的质量管理顾问、普华永道（PWC）的财务顾问和毕马威（KPMG）的审计。

1998 年，《华为基本法》正式诞生。同年，任正非支付数千万美元的咨询费，正式聘请 IBM 为 IPD（集成产品开发）提供咨询。华为以前的管理模式是以部门为核心，此举使华为的管理模式变为以流程为核心。

强化流程建设和制度建设，归根到底是为公司目标服务。

2005 年，华为凭借其可靠的技术和的高性价比的产品成为英国电信（BT）21 世纪网络供货商，这实际上也是对华为质量保证体系进行考量的过程。任正非通过这次合作，对企业管理有了更深刻的认识。现代企业规模化管理的基础，就是企业组织的可复制能力与可预测性，它体现在一系列流程和内外环境的模式化力量上。华为必须做到这一点才能与国际接轨，开发更广阔的国际市场。

2002 年，华为请英国 BT 公司对自己进行管理认证。

2004 年，华为被列入 BT 公司的名单，有了竞标的资格。事实上，一开始该公司并不相信中国人可以生产出符合质量标准的交换机，华为在与他们接触时经常受到冷遇，甚至没有参加招标的资格。参加招标必须经过 BT 公司的认证，认证合格才会被列入他们的名单。BT 对华为的考核，首先是管理体系、质量控制体系、环境等方面，以确保华为对客户交付的可预测性和可复制性，其次才是产品技术层面。BT 的考核还包括华为供应商资信审核、华为合作伙伴的运营和信用考察，甚至包括华为员工的食宿等生活条件。一共有 5 项指标，华为最终获得了 4 个 A 和一个 A^- 的成绩。

2005 年，华为终于成为英国电信（BT）21 世纪网络供货商。

为了占领欧美市场，让企业产值有更大的增长空间，华为斥巨资不断改进企业管理，完善公司的管理模式。

在企业管理上，华为一直紧跟时代步伐。

如今，人们经常用“互联网思维”来谈论企业管理，任正非对此有冷静而精辟的见解。他曾说：“华为需要通过互联网思维，将自己内部的电子平台结构调整好，简化流程，提高效率。”“爱立信管理 1 万人，而我们是 3 万人，多出 2 万人就多了 30 亿美元的消耗。如果我们通过管理改进，用互联网的精神改变内部的电子管理，实现与客户、供应商的互联互通，这两年就可以节约出 2 万人去上‘战场’，改善客户服务质量。我们改革就是坚持端到端。互联网时代被认为是网络公司的时代，这有可能是一种误解，因为真正的互联网时代是通过网络支持和改变实业。”

华为就是这样应变而变、不断革新，每一项工作都必须有助于达成企业总目标、有利于提升企业价值和利润。

用 SMART 标准提高效率

任正非说：“我没有思考过什么远大的理想，我正在思考的不过是未来两年我要做什么、怎么做……”伟大的构想不是一蹴而就的，唯有脚踏实地、一步一个脚印才能逐步实现。

SMART 标准（如图 4-2 所示）为员工执行工作厘清了思路，为行为者指出了一条最便捷的路径，因此也就使效率有了最大程度的提高。在华为的绩效目标设定中，SMART 标准的执行就显得尤为重要。

绩效目标的设定要符合 SMART 标准。SMART 标准即 Specific（明确性）、Measurable（可度量）、Actionable（可实现）、Realistic（结果导向）、Time-bound（时限性）。

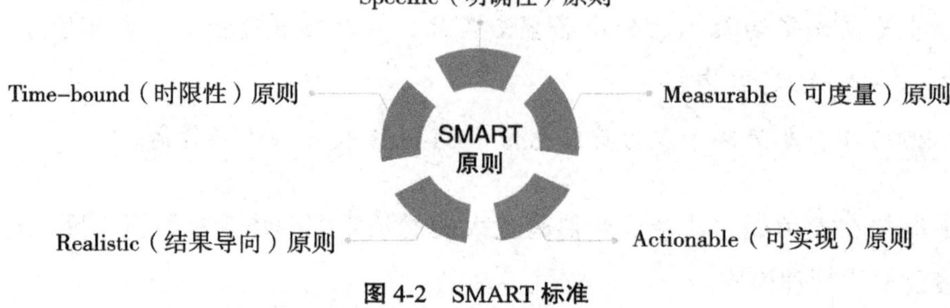

图 4-2 SMART 标准

1.Specific（明确性）原则

Specific 原则要求目标必须是明确的，而不是模棱两可的。目标明确几乎是所有成功团队的特点。

> 有人做过这样一个试验：请两组身体状况基本相同的参试者进行跳高训练，两组参试者均跳过了 1.3 米。试验者对第一组说："你们必须在两天内跳过 1.6 米。"对第二组却说："你们继续练习两天，就会越跳越高。"两天之后，第一组均跳过了 1.6 米，而第二组只有少数人能做到。为什么同样的身体素质、同样的练习时间、同样的场地却得到不同的结果呢？这就是目标是否明确的区别。明确的目标可以让人更专注于目标的实现。

在华为，为了使目标更明确，他们实行了 5W1H 法。

（1）What

目标是什么。在制订计划控制表前，先明确制订控制表的目的、前提条件、操作方法、执行重点、相关问题及具体工作对象等。

（2）When

什么时候执行。每一项任务都要确定开始和结束的具体日期，并做好发生意外状况的应急预案。

（3）Where

选择什么地点。选择合适的场地，可以发挥"地利"优势，节约成本。华为秉持全球化的发展战略，格外重视"地利"的选择。例如，华为在北京、上海、深圳、东莞设立了研发中心，就是出于交通便利以及吸引高端人才的考虑。

（4）Who

选择最适宜的人选。执行任务的人选关系到任务完成的效率、效果，什么样的员工最适合什么样的任务，是管理者需要考虑的问题。

（5）Why

这样操作的原因。制定每一项决策、每一个具体项目时，都要先进行可行性研究思考一下为什么这样做，可以为企业带来多少效益或者可以达到什么效果。

（6）How

怎样做才最有效率。时间、地点、人员都确定了，目标已经明确，就要考虑怎么样做才能最有效地实现目标。华为重视有效的和省时的工作方法，致力于操作规范、流程优化，并为此制定了相应的奖励制度。

2.Measurable（可度量）原则

Measurable 原则要求目标是可度量的，这是对目标明确性的进一步补充。可以将目标细化或者流程化，以此达到可度量的标准。例如，“对员工加强培训”，这是一个笼统的工作要求，可以将其细化为在什么时候、对什么人、开展什么样的培训、达到什么样的培训效果，这才是可度量的明确目标。

3.Actionable（可实现）原则

Actionable 原则要求目标是可以实现的，不是遥不可及的。作为管理者，不应将目标强派给下属，而是要在充分调研的基础上，设定内容充实而又契合实际的、符合企业整体绩效目标和个人职业设定的目标。

4.Realistic（结果导向）原则

Realistic 原则是对利益一致性的要求，局部目标应符合整体目标，个人目标应符合团队目标。

5.Time-bound（时限性）原则

Time-bound 原则是对效率的要求。现代企业都重视时间管理，时间的节约意味着效率的提高，效率的提高就等于成本的节约和效益的提升。

在华为，无论是员工个人还是一个部门、一个区域乃至整个公司的目标设定都要符合 SMART 原则。

目标管控，量化到位

要达到目标管控的要求，前提是目标应该是可以量化的。目标越量化，就越有利于执行，有助于工作效率的提高。时间量、数量和质量是目标可量化的 3 个关键指标。

时间量指标是指完成工作所用的时间；数量指标是指完成工作的数量，如产量、销售额、客户保持率等；质量指标是指完成工作的程度和标准。

例如，裁缝要裁剪一条裙子，首先要知道顾客的高矮胖瘦，量出尺寸才知道要买多少布料；有了具体的图样，才知道衣服的款式；这些都确定了，裁缝才能大致计算出需要多长时间可以做好裙子。

各部门可以根据业务流程，将某一项工作细化、分解为一个个工作步骤，设定时间量、数量、质量指标，使之明确、具体，且可操作性强。

华为的考核数据一直都以简单、明了、精确、易操作为标准，为了保证公正、公平地执行考核，首先就要保证考核数据的客观性，要能公正地表达出目标执行预期，并为执行过程提供衡量标准。

华为对所有服务超过 2 年的员工都要进行“关于 ×× 主题”的培训，并且确保该课程结束后，所有学员的评分均在 90 分以上。因为有了确切的数字，目标变得易于被衡量。但预设的数字和衡量标准也是可以视需要随时进行调整的，而不是固定不变的。

量化目标遵循的原则就是能量化的量化，不能量化的质化。因为不是所有的目标都需要或都能够用数量来判定、用量化标准来核定。例如，个人的工作方式、团队的士气等。

小张是华为的后勤工作人员，他的工作主要是做好一线营销和科研人员的后勤保障，属于服务性工作。例如，帮助出差的员工订酒店、订火车票、订飞机票之类，这样的工作是难以量化的。那么，怎么衡量他的工作质量和工作态度呢？

华为采取了质化形式：一是看他在做事的过程中表现出来的努力程度，例如，火车票不好订，他是否会多尝试几种订票方式，或连续努力订票的次数；二是看他各项工作的完成情况、服务对象的意见反馈、服务对象的好评率或差评率等。

第一个衡量标准，是看该员工是否主动工作、积极解决问题；第二个衡量标准，是看该员工对本职工作的热情和喜爱程度。因为只有真心喜爱自己的工作，才会对服务对象保持友善、耐心的态度，让对方感受到该员工的热情和关心，服务对象才会有好的意见反馈。如此一来，该员工的工作状态和工作完成情况自然明了、清晰。

目标设定要杜绝“良好的”“基本了解”“优质服务”等模糊性词汇。什么样是良好？什么样算基本了解？什么样是优质？这些并没有统一的标准，只有将其数字化才是具体明确的标准。

数字化可以增加目标的可执行性，也使绩效目标易于衡量，为绩效评价打好基础。

大小目标之间紧密相连

企业在运行过程中，有总体的经营战略和构想。例如，十年计划、五年计划、三年计划；也有短期目标，例如季计划、月计划、周计划。通过各项计划，可以将总体目标分解，形成一个目标体系，就像走路一样，一步一步向着整体目标不断前进。

> 华为在设立目标之后，把每个目标的实现过程都分成6个时间段：日、周、月、季、年……n年。分解后的目标就变得具体了，员工非常清楚自己每天、每月、每季、每年……n年该做什么，以及需要做成什么样，真正做到了心中有数。

将目标从上而下层层分解，虽然保证了目标的可执行性，但也容易出现各自为政、画地为牢的弊端。因此，分解绩效目标时还要注意大小目标之间的紧密相连，保持目标体系的整体相关性（如图4-3所示）。

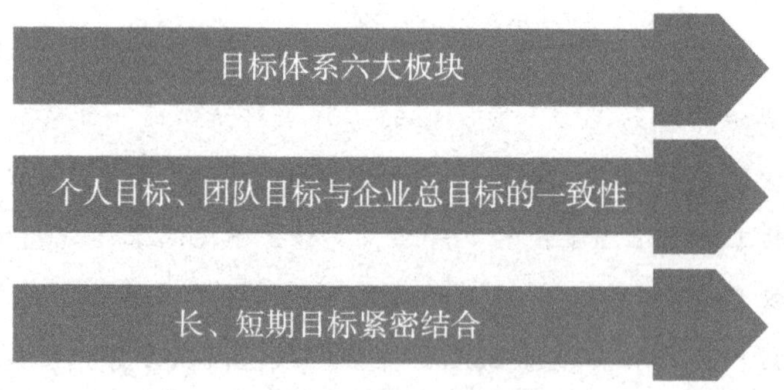

图4-3　绩效目标分解

1. 目标体系六大板块

华为将目标体系分为六大板块，分别是发展规模目标、行业发展目标、产品市场发展目标、资金战略目标、人才战略目标和创新战略目标。

（1）发展规模目标

发展规模目标是华为总体上的一个宏观目标，从盈利规模、员工规模等方面设定华为未来发展状况。

华为 2018 年实现销售收入 7212 亿元人民币，在此基础上，他们制订了 2019 年的销售计划，希望 2019 年的销售收入将实现 20% ~ 25% 的增长。

（2）行业发展目标

行业发展目标包括该行业占领市场的年度增长率、经营收入额、产品线深度、产品线宽度、产品专利个数、生产工艺专利个数、利税总额、投资回报率，以及实现目标的市场推进措施、资产战略措施、人才战略措施、责任单位等。

（3）产品市场发展目标

产品市场发展目标一般包括企业产品所进入的市场区域年度增长率、销售收入规模、市场占有率、销售利润率，以及在市场推进措施、资金战略措施、人才战略措施、责任单位等方面所确立的目标。产品市场发展目标用来预计企业在市场上实现的价值，规划产品在特定市场上的发展、定位。

（4）资金战略目标

资金战略目标是企业对自身资产目标的规划，包括总资产、固定资产、流动资产、货币资金等 4 类资产的年度增长率，以及股份资金所占比例、5 年以上长期负债所占比例、短期负债所占比例、债券股权转换改造所占比例、银行贷款所占比例、供货商信贷所占比例、销售商信贷所占比例等多个方面。

（5）人才战略目标

人才战略目标就是对人才的引入、规划、培训、指导等。华为的人才战略也是与时俱进的。在华为创办初期，他们人员少、业务量小，所以只是小范围地寻求技术人才和销售人才；1997 年之后，华为进入飞速发展期，他们开始大量录用高校人才，高薪挖掘技术人才、管理人才。

2019 年，华为在线上线下举办了多场招聘会，校园招聘更是覆盖了全年。他们招聘的员工包含研发类、销售类、服务类等八大类，提供的福利薪资明显高于行业平均水平。另外，华为提供的晋升、培训学习机会也十分有诱惑力，华为希望依靠此种策略招揽更多的人才。

（6）创新战略目标

创新战略目标是企业发展的源头活水。只有不断创新，才能使企业在激烈的市场竞争中保持优势。创新战略内容包括产品创新、工艺创新、市场创新和管理创新。创新战略目标是对创新方式（包括自主创新和引进创新）、创新内容、创新措施等的具体设定。

2019 年 9 月 6 日，在德国柏林消费电子展（IFA）上，华为消费者业务 CEO 余承东发表了“Rethink Evolution”的主题演讲，并向全世界展示了麒麟 990 系列芯片。这是华为最新一代的旗舰芯片，总共有两款，分别是麒麟 990 和麒麟 990 5G 版。

值得一提的是，麒麟 990 5G 是全球首款旗舰 5G SoC 芯片。华为赶在 5G 商用元年发布也算是应景，希望可以为广大的消费者提供不同于以往的 5G 体验。麒麟 990 5G 不仅在能效和功能方面有了大幅度的提高，还在 AI 智慧计算能力、ISP 拍摄能力等方面进行了升级。

2. 个人目标、团队目标与企业总目标的一致性

企业效率能否提高，关键就在于企业目标与个人目标是否一致。当二者的方向一致时，员工与企业的效率才会同时提高；如果员工个人目标与企业目标的方向背道而驰，那么企业目标会制约个人目标的实现，而个人目标则会阻碍甚至破坏企业目标的实现。

要想做到个人目标与企业目标的合二为一，企业可以从以下几个方面入手。

（1）能力培训

不断对员工进行培训，使员工能够胜任工作。员工通过培训获得自我发展的能力和机会，同时感受到企业的支持和重视，就会更加认同企业目标和文化，并愿意为企业工作。

（2）实行绩效管理

绩效管理是衔接个人目标与企业目标的纽带，将企业目标分解成为每个人的目标，如果员工达到了自己的目标，就可以得到更好的发展机会和福利待遇，这样就将员工目标与企业目标捆绑在了一起。

（3）同向发展

对于员工而言，成功的事业远比眼前的利益更为重要。员工应该让自己的个人目

标与企业目标同向发展，因为企业的发展将为员工带来更大的发展空间和机遇。

3. 长期目标和短期目标紧密结合

长期目标和短期目标为企业实现总体目标指明了方向。长期目标规定着企业的发展方向和预期成果，而短期目标的集中完成是实现长期目标的基础。

华为的长期目标清楚、简洁、定量化，并分解到了公司所有部门，而不是局限于某一部门、某个小组，使员工对公司的发展方向一目了然。

华为的短期目标来自对长期目标的深入分解，并按照各目标的轻重缓急进行排序。

另外，各部门的长短期目标均以整个企业的长短期目标为依据来制定。企业中任何层级的长短期目标必须从属于上一级的长短期目标，并与之协调。这样的目标体系，确保了所有目标的一致性以及与企业发展的相关性。

任正非曾经在某次大会上发表讲话："未来的不可知性使我们的前进道路充满了风险，面对着不确定性，各级主管要抓住主要矛盾，以及矛盾的主要方面，要有清晰的工作方向，以及实现这些目标的合理节奏……不要因短期目标而牺牲长期目标，多为客户创造长期价值。"

企业为了使自身获得更长远的发展而设立了长期目标，而短期目标是实现长期目标的基石，必须服从于长期目标。如果单纯地为了实现短期目标而罔顾长期目标，无疑是"涸泽而渔"的短视之举。

因此，长短期目标必须紧密结合，使整个目标体系踏踏实实，不急功近利，也不推诿扯皮，这样预期目标才会顺利实现。

OKR：拆解关键目标，细化关键结果

OKR（Objectives and Key Results）的全称是"目标和关键成果"，是由英特尔公司创立的一套明确目标和跟踪目标完成情况的管理工具和方法。这套系统能够将目标管理自上而下贯彻到基层。谷歌公司在其成立不到一年时便引入了这套管理系统，并一直沿用至今。华为也在 2015 年引入了这套系统，并取得了很好的效果。

OKR 可以分解为两部分，"O"就是 Objectives（目标），"KR"就是"Key Results

（关键成果）”，所以，OKR 系统的整体作用就是拆解“关键目标”，细化“关键结果”。

1. 关键目标（Objectives）

所谓“关键目标”，是驱动组织向着期望方向前进的定性追求，也就是明确我们追求的目标是什么、我们想要得到什么，这个目标必须是能够鼓舞人心的、可实现的、能引起团队共鸣的、可以激发员工斗志的。在对“O”的设定上，有以下三个方面需要注意。

（1）目标可量化、可衡量

无论是企业高层战略，还是年度、季度、月度目标，都必须详细具体，是可量化、可衡量的。例如，不能简单地说“我想完成 ××× 目标”或者“我希望把 ××× 做好”，而是要把目标制定成“我要在 3 个月的时间内把网站的点击率提升 10%”等。有了可以量化的标准，执行者就能够比较清晰地看到自己每一步的成就，管理者考核起来也比较容易。

（2）既要个人目标，也要团队目标，让个人目标与团队目标达成一致

只有团队目标或只有个人目标，都不利于团队实现绩效最大化。只有将个体目标和团队目标结合在一起，才是实现团队绩效最大化的最佳方法，这是团队成功的重要因素。

（3）目标设定要有可实现性

目标设定得不能太高也不能太低，不能太轻易就可以完成，但是经过一定的努力也是可以实现的。目标设定好之后，管理者和员工之间要充分沟通，就该目标达成共识，没有达成共识的目标不能算做目标。

2. 关键结果（Key Results）

所谓 KR 就是关键结果，指的是衡量目标的达成情况。如果“O”是“我想做什么”，那么，“KR”就是“我如何知道自己是否达成了目标的要求”。

KR 的价值在于，它迫使你把目标中模糊的、模棱两可的部分进行量化。例如，“O”是“设计一个引人入胜的网站，吸引人们对某个事物的关注”，这里的“引人入胜”和“吸引”都是无法量化的，没有人告诉你“引人入胜”和“吸引”具体指的是什么，这样的指标只能在具体的业务环境中去解释。

针对前面我们设定的关键目标，可以给出以下这样的关键结果。

第一，20% 的人在一周之内再次回访。

第二，10% 的人在看完你的网站后来做咨询。

这样就给了两个无法量化的指标可以衡量的标准，达到这个标准，就是完成了目标。

在制定 OKR 时，应当平衡好 KR 的达成难度和潜力激发之间的关系。达成的难度不能太高也不能太低。难度太低没有挑战性，不能激发出员工的潜力；难度太高、难度系数太大，又会打击员工的积极性，让员工变得没有自信。

KR 的难度系数，要在中等偏难的程度。如果最高难度是 1 的话，那么目标的难度系数最好为 0.6 ~ 0.7。这样的目标有一定的挑战性，会让员工有动力不断地为实现目标而努力。

华为在 OKR 的设定上遵从的是自下而上的方式，主管召集团队成员共同商议，一起讨论出一个大家都接受和认可的 OKR。华为在设定个人和团队 OKR 时主要从以下三个方面入手。

（1）“O”的设定不能太固定

在设定 OKR 中的“O”时，不能设一个固定的目标，而应设可以对比的目标。例如，“产品准时交付率提高 10%”或者“客户满意度提升 50% ~ 80%”等，这样的目标对员工更有激励性。

（2）“KR”的设定要具体、现实、可衡量

“KR”是关键结果，这个结果一定是可明确看到的、可以通过具体标准来衡量的，同时也是通过一定的努力可以实现的。例如，“本季度完成 ××× 项目”或者“10 月底交付 ××× 产品”等。

（3）与员工达成共识

在制定“O”时，管理者要与员工达成共识，“KR”的考核与“O”是“解耦”的，也就是说“O”达不成，不影响最终结果的考核。

第五章
绩效执行：没有执行力，何谈高绩效

军人出身的任正非，把令行禁止、敢打敢拼的精神注入华为的企业文化以及每个华为人的“血液”中。华为以此种文化为基底打造的团队，将“执行力”三个字展现得淋漓尽致，因此取得的成绩也令世界瞩目。从华为的成就可以看出，高效的执行力对任何一家企业来说，都是不可或缺的必要品质。

高效执行，紧盯结果

任正非曾多次强调，每一个华为人都要在本职岗位上多用心，以绩效目标为结果，高效率地做好属于自己的工作，也就是说一定要严格做到各司其职。在任正非的管理理念中，“各司其职”占据着十分重要的地位，而华为对于“各司其职”的检验标准就是绩效。

根据“各司其职”理念，任正非将华为的领导层划分为两个层次：少数高层领导务虚，多数基层领导务实。对于“务实”“务虚”，任正非给出的具体标准是：“务虚的人干四件事，一是目标，二是措施，三是评议和挑选干部，四是监督控制。务实的人首先要贯彻执行目标，调动利用资源，考核评定干部，将人力资源变成物质财富。”高层领导负责制定公司发展的大方向；基层领导将方向细化，分解成阶段性任务；基层员工负责高效执行，以绩效目标为最终结果来完成每一个细节性的任务。每个人各司其职，为同一个目标努力。

除了划分领导层次外，华为坚持执行的“小改进、大奖励，大建议、只鼓励”制度，则是对“各司其职”作了更为细致的定义。任正非曾经在《华为的红旗到底能打多久》一文中说：“公司实行‘小改进、大奖励，大建议、只鼓励’的制度。能提大建议的人已不是一般的员工了，也不用奖励；一般员工提大建议，我们不提倡，因为每个员工要做好本职工作。大的经营决策要有阶段的稳定性，不能每个阶段大家都不停地提意见。我们鼓励员工做小改进，将每个缺憾都弥补好，这样公司也就有了进步。”

上述制度将基层员工的本职工作规定得十分清晰。不论是领导还是基层员工，都是公司的一分子，所有人的目标都是一致的，想要得到的最终结果也是一样的。如果每个环节都能保障“不掉链子”，甚至能高效率地执行，公司就能进步。

对于团队精神，可能每个企业都会有自己的理解，而华为对于团队精神的总结，包括一个中心、两个基本点、三个支柱、四个原则（如图 5-1 所示）。

1. 一个中心：只接受结果

华为不接受纸上谈兵，只接受结果，要求每一位员工踏踏实实地工作，把“做好了”“做到位”的结果反馈给公司。产不了“粮食”，述职报告做得再天花乱坠也没用。

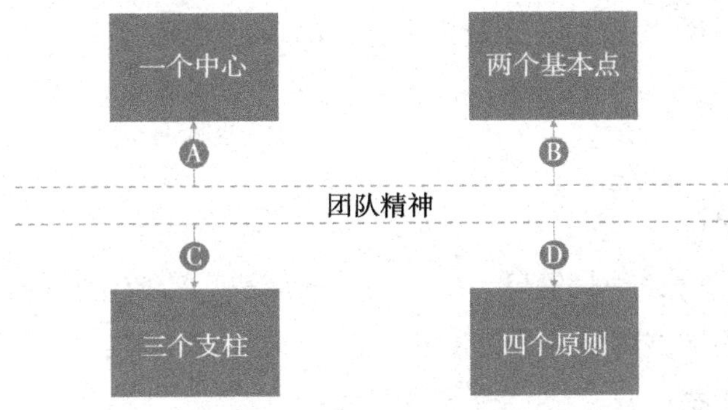

图 5-1　华为的团队精神

2. 两个基本点

（1）统一思想

从军的经历让任正非形成了军令如山、令行禁止的思想。任正非把这种思想融入了华为的企业文化中。华为要求员工要统一思想，服从领导的指挥。

（2）绝对执行

执行力出问题，就是思想的问题，与能力无关。华为要求，对于团队下达的任务要认真对待、用心做好，不能有畏难情绪，“只要思想不滑坡，办法总比困难多”。成就不是等来的，而是大家高效执行团队的部署，通过共同努力、拼搏奋斗得来的。

3. 三个支柱

（1）接受任务，勇敢第一

华为鼓励员工要敢于承担责任、接受任务。能不能干是一回事，敢不敢干才最重要。培养员工敢做事比培养员工会做事要难太多了，所以华为不接受“我不会”，只接受“我敢做”。

（2）实施任务，速度第一

时间就是金钱。接受任务要勇敢，接受任务后的行动也要迅速，做事要有效率。任务实施过程中与同事队友的沟通也要简练高效，向团队反馈也要及时。

（3）沟通任务，及时第一

执行公司战略目标的过程中，不可能一路平坦，总会出现各种无法预料的问题。不论成功还是失败，结果反馈一定要及时，不能等领导找上门了才解释问题的原因。

和领导沟通时不能只说“我认为”，要带上自己的解决方案和建议。

4. 四个原则

（1）拒绝任何借口

在华为，没有领导会接受借口。出问题就要解决，要敢于承担责任，更要勇于找办法解决问题，不能推诿责任。

（2）保持积极心态

工作中遇到困难时要保持积极心态，不要自怨自艾，不要否定自己，不能说“我不行”，不要有负能量的扯皮、抱怨、推诿，不能让负能量影响工作效率。

（3）敢于承担责任

敢于承担责任的人才有前进的动力，才能不断得到磨练，最终被委以重任。

（4）不要轻言放弃

就算失败一次也不要放弃，更不能逃避，要坚持到底。放弃这一次，下次遇到同样的困难还是无能为力，结果很可能会丢失一次又一次的机会。

用“三高政策”催生行动力

华为实行的“三高政策”是指：高压力、高效率、高工资（如图 5-2 所示）。华为的“三高”是人们津津乐道的话题，也是华为高效行动力的源泉。

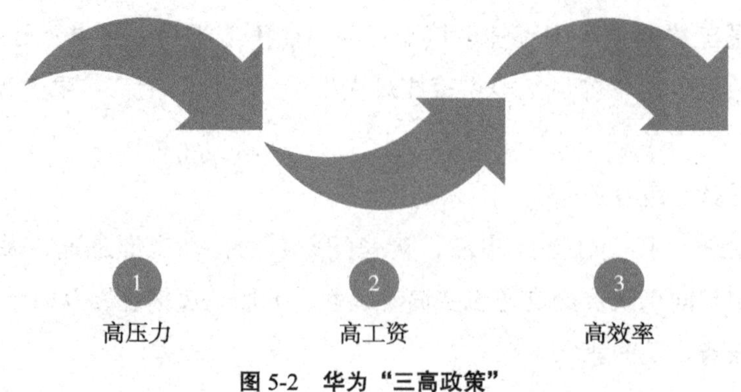

图 5-2　华为“三高政策”

1. 高压力

压力就像是压在小草头上的石头一样，只要小草有生存的欲望，那么石头就一定会被顶开。植物如此，人自然也是如此。压力可以激发人们积极进取的动力，逼迫你冲破障碍，追寻阳光雨露。所以，施加适当的压力，可以催生员工的行动力，进而能够提升公司整体的竞争力。而这也是除了薪资福利外，企业激励员工最有效的手段之一。

如今很多公司最常用的施加压力的方法莫过于鼓励内部竞争，并用绩效考核体现竞争结果。但是，此处的竞争不是尔虞我诈、你死我活，这样恶性竞争只会增加员工之间的对抗，破坏公司团结，对于公司的活力也是一种极大的消耗。良性竞争才能起到积极促进的作用。华为内部实行的“赛马制度”，就很值得大家参考。

华为认为，用业绩和效率做对比，能力优秀的人就应该得到更多的奖金、荣誉和晋升的机会。这是一种实在有效的鼓励和刺激，达到了激励员工努力奋斗的目的。

除了“赛马制度”“比武制度”外，任正非还一直在“打压”员工的荣誉感、成就感，强调外部行业竞争的残酷性，使得华为内部有了高强度的压力，但这也催生了华为远超一般团队的行动力。

2. 高工资

纽约巴鲁克学院经济学和金融学教授弗郎西斯曾经说：“你可以买到一个人的时间，你可以雇一个人到固定的工作岗位，你可以买到按时或按日计算的技术操作，但你买不到热情，买不到创造性，买不到全身心的投入，你不得不设法去争取这些。”想要员工全身心地投入工作中，前提是让员工认同公司的文化、精神、发展前景等，并将公司发展视为自己的事业。在这一点上，华为做得相当出色。

任正非曾说：“30 年来，我在华为最重要的工作就是选人用人、分钱分权。把人才用好了、干部选对了，把钱和权分好了，很多管理问题都解决了。”

任正非不仅会分钱，而且敢分钱。2019 年春节前，任正非在华为内部员工社区“心声社区”发了 007 号总裁邮件，称：“根据华为 2018 年全年财报初步估计，华为 18 万员工人均年收入可达人民币 110 万元。”人均年薪超过百万元体现的不仅仅是华为的实力，更是任正非的魄力和每个华为人实实在在拿到手里的钱。俗话说“重赏之下必有勇夫”，华为用钱“买”到的这些“勇夫”不畏艰难，个个冲锋在前，行动力极强。

华为的高工资还体现在一直为人津津乐道的“全员持股”制度。任正非作为华为创始人仅仅持有华为公司1.14%的股份，其他将近98.86%的股份则是由华为员工持有。持股员工每年的股份分红也是一笔相当可观的收入。“全员持股”制度除了给员工带来经济收入外，也能增加员工对公司的认同感，从而让他们更好地融入公司这个大集体当中。精神层面和物质层面都得到极大满足的华为人，自然迸发出了强大的行动力。

3. 高效率

华为相信，高效率的必然结果就是高行动力，两者是相辅相成的正向促进关系，因此，华为实施了各种措施来提高员工的效率，其中一条就是“让对的人做得心应手的事”。

华为所在的通信行业是一个科技含量极高的领域，而随着5G、AI以及物联网等技术的快速发展，这个行业的门槛则会越来越高，竞争也会越来越残酷。要想始终保持领先地位，必须更快地更新自己的产品，开发出更有竞争力的产品，而这场“智能大战”最关键的因素就是人才。

华为对于高科技人才的极度渴望是众所周知的。2019年7月，华为给8位应届博士生开出百万年薪的薪酬待遇，这不仅震动了业界，在民间也传为美谈。任正非2019年接受媒体采访时透露：华为至少有700名数学家、800多名物理学家、120多名化学家，以及六七千名基础研究的专家和六万多名各种高级工程师和工程师。

华为之所以花如此大的价钱去聘请人才，就在于华为认为让“术业有专攻”的人才做自己得心应手的事业会有更高的效率，能催生更强的行动力。

“三高政策”就如同华为这台机器的润滑油，让零件之间的协作更有效率，系统运转更流畅，从而产生了更强大的行动力。

人人都要成为奋斗者

华为历经30多年的风雨磨难生存至今，依靠的就是一群奋斗者。任正非曾说：“以客户为中心，以奋斗者为本，长期艰苦奋斗，这是我们20多年悟出的道理，是华为文化的真实写照。”2018年《财富》世界500强榜单中，华为位列第72位，是唯一一家没有上市的企业，而且华为的年销售收入是BAT（百度、阿里、腾讯）之和。

那怎样才能算是一个“奋斗者”呢？让我们来看看华为人是怎么做的。

2019年1月15日，任正非在华为总部接受了外媒的采访，在访谈中列举了一些华为人奋斗的例子。

2004年，印尼发生海啸，造成了20多万人死亡，受灾人数更是无法估量，当地群众人心惶惶。就是在这种险恶复杂的环境下，华为的47名勇士，在短短的13个小时里恢复了668个基站的功能，为后续救援工作提供了极大便利，华为的奋斗者赢得了所有人的掌声。

2010年，智利大地震，有3名在灾区中心区域的华为人，冒着随时会发生余震的危险，在灾后复杂的环境中抢修被损害的微波站。华为还把他们的事迹拍成了小电影，任正非更是亲自给他们送了礼物。华为以此种举措来鼓励每一个值得尊敬的奋斗者。

2011年，日本福岛发生7.1级地震，引发了巨大的海啸，对福岛第一核电站造成了极为严重的损坏，大量放射性物质泄漏。华为的奋斗者舍生忘死，一起朝着与难民逃难相反的方向前进。680个基站的恢复仅用了短短两周的时间，不仅提升了公司的国际信誉，更为整个抢险救灾作出了巨大的贡献。此时的华为人，不只是公司的奋斗者，更是人道主义救援的勇士。

除了上述事例，还有更多的华为员工在不被人注意的角落里践行着自己的使命。无论是疾病频发的地区还是贫穷落后的地区，甚至在战争冲突不断的地区，都活跃着华为人的身影。

华为就是依靠无数个这样默默无闻、任劳任怨的“奋斗者”才一步一步地取得了今天的成就。他们本着“以客户为中心”的原则，不畏艰难险阻，甚至冒着生命危险去维修公司的基站，为客户保证了华为服务的正常使用。站在更宏观的角度来看，华为是为人类社会的理想奋斗，是为灾区人民打开希望的大门而奋斗。这种奋斗精神，不可谓不伟大。

华为一直坚持的“以客户为中心”的奋斗精神，为公司赢得的不仅仅是国际赞誉，更有实实在在的市场和收入。

华为在业内的起步比较晚，它面对的市场是当时国际巨头们不愿触及的偏远地区。即便市场环境恶劣，华为也没有停下追赶的脚步，每一个华为人都在英勇冲锋。凭借着过硬的产品质量、贴心的服务，华为的奋斗者在世界各地都“俘获”了大量的忠实用户，成就了无与伦比的口碑和影响力。

华为用实际行动告诉后来者，奋斗不是一句口号，不能停留在纸面上，而要落实在行动中。只有这种敢为人先的企业，才有资格在残酷的环境中生存下去。而华为之所以能培养出如此庞大的奋斗者队伍，其中的诀窍就在于通过绩效管理增加了员工的压力和责任心，全方面提升了员工的能力和奋斗精神。

做好危机管理

危机管理与处理日常工作有很大的不同，它具有更大的难度、更高的风险。

管理学家芬克（Fink）将危机的生命周期划分为四个阶段：第一阶段是危机征兆期，开始有迹象显示企业存在可能发生的危机，企业如有警觉，最好在此时期解决问题，这时候危机的危害是最小的；第二阶段是危机爆发期，发生了对企业生命力甚至生存有危害的事件；第三阶段是危机持续期，危机对企业造成的影响还在持续，企业此时也在执行危机应对方案；第四阶段是危机善后期，危机已经得到解决，企业处于善后和总结时期。

为了将危机造成的危害降到最低，就需要针对危机的不同阶段使用不同的应对方案。但是危机究竟会在何时发生、会有多大的规模、到底能造成多大的影响，这些都难以提前预料到。而危机真正爆发后，可能会在很短的时间里对企业造成恶劣且深远的影响。如果应对不当，有可能会对企业的生存造成毁灭性的打击。

任正非是一个注重思考失败、危机感十足的领导人。但是，尽管已经对危机有了充分的重视，华为在发展的过程中也不可避免地遭遇过重大的挫折。

从1987年成立到2001年，华为一直都是高歌猛进、顺风顺水。但是在2002年，公司业务收入出现了有史以来的第一次负增长，对于全员持股的华为员工来说，这简直就是一场经济灾难，负增长意味着自己的投入可能颗粒无收。因此，有一部分员工对公司的信心开始动摇。这时候，如果处理不当，就很可能会发生员工大规模兑现股权的现象，这对华为的资金链将会造成致命打击。

这时候，任正非果断做出抉择，他忍痛割爱，将通信电源业务出售给美国艾默生公司，换来60亿元人民币，填补了资金漏洞，安全度过了这次危机。从那之后，任正非开始整顿管理结构，注重员工质量，不再盲目扩张。

此次危机的妥善处理，为华为之后的稳健发展打下了坚实的基础。这也印证了普林斯顿大学诺曼·奥古斯丁教授所说的那句话："每一次危机本身既包含导致失败的根源，也孕育着成功的种子。"如果说2002年的事件是华为在"危机持续期"成功应对危机的话，那么2004年海思的成立就是华为在"危机征兆期"成功解决问题的典范。

高通是芯片领域当之无愧的巨头，掌握了大量高端芯片的知识产权，是高端芯片的垄断者，每年都会通过出售芯片和知识产权许可获取大量利润。

华为也是高通的买家之一，每年都需要从高通购买大量芯片。在此种背景下，任正非和华为领导层意识到，不掌握核心技术，公司发展的命门就掌握在别人手里，如果别人不给用了，自己的生存都是问题。因此，华为在2004年10月成立海思，任正非表示，要钱给钱、要人给人，目标就是一定要把芯片搞出来。在长达15年的未雨绸缪和悉心准备后，在华为在不能使用高通芯片的情况下，海思站了出来。

危机管理能力决定了企业能否生存，也决定了企业的生命长度。因此任何企业的决策者在企业发展的过程中，都不能被眼前的利益蒙蔽了双眼，要时刻保持冷静的头脑和足够长远的目光。企业的发展是个长久的过程，不能拘泥于一时一刻，这也从另一方面凸显了企业危机处理能力和绩效管理制度的重要性。

第六章

绩效协同：高绩效离不开团队凝聚力

狼是一种群居捕食者，它们熟悉彼此，捕猎的时候通力合作，正是依靠这种团队凝聚力，它们才取得了很高的捕猎成功率。华为团队也是如此，他们拥有敏锐的嗅觉，不屈不挠、奋不顾身的进攻精神以及群体奋斗的特点，因此他们才能攻无不克、战无不胜。

上下同欲者胜

“上下同欲者胜”，这是中国春秋末期军事家孙武关于治军的谋略方针，旨在激励广大将士同心同德、团结协作，心往一处想，劲往一处使。战场兵法的求胜之道对于商场、企业同样适用。团结协作有助于提升员工工作效率，使其更加快速地完成绩效目标。

随着社会经济的不断发展和进步，企业之间的竞争也越来越激烈。要想在更大的市场中占据一席之地，领先于其他的对手，企业必须上下一心、团结协作以提高整体竞争力。

团队协作对于任何一家企业都是重中之重的管理课题，对于拥有近 20 万名员工的华为更是如此。从“狼性”团队文化到“全员持股”，从跨部门合作制度到“胜则举杯相庆，败则拼死相救”文化，无不彰显着华为对团队协作精神的重视和为之付出的巨大努力。作为华为的领头人，任正非对团队协作自然也十分重视，而且有着独到的见解。在一次各部门优秀员工报告会上，他发表了题为“团结起来接受挑战，克服自我融入大我”的报告，向全体华为人提倡“群体奋斗”的文化和精神。在报告中，任正非讲道：

> 时代召唤我们融入群体文化，在群体奋斗中发挥自己的个性。
>
> ……
>
> 我们要充分利用人类文明的一切成果。在这个时代，非群体奋斗不可能成功。

从一开始的六个人，到如今的十几万人，任正非比谁都明白团队协作的意义和重要性。华为的发展，正印证了《淮南子·兵略训》中的一句名言：“千人同心，则得千人之力；万人异心，则无一人之用。”

> 2016 年 2 月，戢仁贵任职终端业务主管，他初来乍到，对市场环境不是很熟悉，但却面临一场硬仗，那就是 4 月份 P9 的上市，在此之前他立下了“销量誓要过百万”的军令状。
>
> 为了完成军令状，戢仁贵把目标先是按国家分解，再按地区运营商和零售商分解，然后把重点任务做了详细规划，具体到每一个人头上、每一个时间节点上，并且组织誓师大会，以充分调动所有人的激情。

为了完成销量过百万的最终目标，几乎所有人都主动加班，周六日都在做复盘研讨、现场学习、经验分享和巡店等日常工作。有一次，西班牙的销售主管Mariana因为家里没人照顾自己2岁的孩子，就把他带到办公室，自己则继续和同事一起研讨任务计划。

大家没有辜负戢仁贵的期望，最终戢仁贵团队顺利完成了任务，P9销量超过了一百万部。

就是因为所有人都把团队绩效目标当成自己的责任，上下一心，才完成了如此艰巨的任务。这正是华为团队精神的力量，是华为花大力气塑造团队文化的原因，也是华为制定高绩效目标的底气所在。但是在塑造此种氛围的过程中，一定要扫除企业中存在的“个人英雄主义”和“本位主义”。

“个人英雄主义”很好理解，这是美国电影中常常出现的情节。但是与电影情节相反的是，如果一家企业中出现“个人英雄主义”，则可能会对企业造成巨大的伤害。这种“英雄”缺乏对队员的基本信任，很难认同他人，认为自己可以独立完成所有的任务，别人则没有这种能力；这种人会不自觉地从言语和行动上夸大自己的劳动成果，无视他人做出的努力，更不会寻求他人的意见和帮助，也不愿意帮助别人；自己不会主动融入团队，也很难融入团队。所以，这种人对于企业塑造团结协作精神会造成负面影响。如果形成风气，同事之间就不能进行有效沟通，所有人都会单打独斗，团结协作就无从谈起，企业整体竞争力也会降低。

与“个人英雄主义”不同，“本位主义”在企业里的表现是小集体，是一种与“集体主义”相对立的心理状态。长此以往，企业内“朋党林立”，工作效率低下，对企业生命力也是极大的消耗。

这两种“主义”是企业发展中经常遇到的问题。华为前全球服务总裁、华为商务部副总裁葛才丰曾经在华为内部报刊《华为人》上发表文章，讲述了“个人英雄主义”和“本位主义”对于企业发展的危害，在文中，他对两种“主义”做了如下总结。

“本位主义”和“个人英雄主义”的核心问题，都是以自我为中心，这是与公司一贯强调的集体奋斗的团队精神大相径庭的，与华为70%的员工是英雄的氛围不相融。一个人、一个部门的力量再大，也是有限的，如果不能帮助他人共同提高，如果不能围绕公司共同的目标和工作重心开展工作，工作也必定会陷入无序、扯皮和低效率。

无论是“个人英雄主义”还是“本位主义”，都是将个人利益凌驾于集体利益之上，无视团结、自私自利的心理状态。这种状态反映在日常工作中，就是只要自己完成绩效任务，就算拖累其他人也无所谓，这是所有企业都不可能接受的。

对于任何一家企业来说，员工的同心同德、团结协作是企业顺利发展和领先对手的必要条件。

胜则举杯相庆，败则拼死相救

“胜则举杯相庆，败则拼死相救”，这是任正非在华为内部提倡的一种激励文化。早在1994年，任正非在《胜利祝酒辞》中第一次提及这种精神：“‘胜则举杯相庆，败则拼死相救’的市场工作原则，几年来感召了多少英雄儿女一批一批地上前线。商场如战场，却有比战场更加持久的残酷与艰苦，苦难的历程又抚育成长了多少市场营销干部。没有他们一滴汗、一滴泪地奋斗，就不会有今天月销售额突破12万的好成绩。”

“胜则举杯相庆”是鼓励一线员工要勇攀高峰，激发员工的巨大潜力，从而去多打胜仗、多创造业绩；“败则拼死相救”是告诫员工奋勇冲锋的时候不要有后顾之忧，即使失败了，大家一起扛，互帮互助、相互扶持、共渡难关。这一文化的核心本质就是在强调团结协作，在华为30多年的发展历程中起到了至关重要的作用。

1. 众志成城，才能取得最终胜利

华为人“拼命三郎”的形象不仅在国内家喻户晓，在国际社会也获得了一致认可。这种拼搏精神不是单打独斗的“英雄主义”，而是团结协作、一起奋斗，所有人都以“奋斗者”的标准要求自己。这也是华为团队文化的核心，只有众志成城才能取得最后的胜利。

2017年第一季度，由于受到产能波动等多重因素的影响，华为制造部的指标大面积飘红，其中生产效率改善达标数甚至出现了负数，与部门的绩效目标相去甚远。因此，HPS（华为生产系统）团队立下了军令状，立志改善这一落后的状况。

想要完成改变，单靠某一部门单打独斗肯定是行不通的，相关部门必须通力

合作、团结协作才能完成这一军令状。因此，制作部牵头，联合了NPI（新产品导入）、工程、调度、车间、质量等部门，针对IT产品、固网等出现的效率低、消耗大的环节专门立项整改。他们初步制定了“70%的地方效率翻番，30%的地方效率提升50%”的策略，组建了30多个效率提升专题小组。

在这一过程中，各部门一起商讨完善了绩效考评机制，所有部门主动上报项目进度，生产效率有了初步的提高。所有小组中的每一个人都参与到改善工作中，大家都为了同一个目标奋斗。他们的改善工作细致到了每一个细节、每一个节点。同时，他们以此为基础改革生产线形态，建立了新的交接班机制。

整个系统群策群力，一起贡献智慧、想法，经过20多天的不懈努力，生产效率实现了跨越式地提升，UPPH（人均小时产出）从0.85增加到2.3，效率提升了170%，圆满完成了团队立下的军令状。

2. 不离不弃，拼死相救

企业在发展过程中会开展许多项目，不可能每一个项目都顺风顺水。当一些项目遇到挫折时，只有企业里所有人不离不弃、拼死相救才能鼓励他们走出低谷，再次发起冲锋，这种情况更能体现出一家企业强大的凝聚力和团结协作的精神。华为手机能挺过风雨、见到彩虹，也是华为公司上下“拼死相救”的结果。

2019年10月30日，根据Canalys最新数据显示，华为手机（含荣耀）在国内的市场份额达42%，在全球市场也能稳居前三。可是华为手机的开端以及前期的发展过程，则是一段被嘲讽的辛酸史。就连华为手机业务的掌门人余承东提及这段历史的时候，都说当时的心情近乎悲壮与绝望。

在决定做手机之时，华为并没有太多相关手机技术的积累，再加上起步比较晚，即使背靠着当时“中华酷联”的金字招牌，华为手机的运营状况依然可以用“惨不忍睹”来形容：只能做低端机，没有技术含量，销量也是垫底的。

面对如此局面，2012年初，余承东痛定思痛，进行了一次大改革，毅然决然地砍掉了大量运营贴牌手机和非智能手机的业务，瞄准中高端市场。这是冒着很大风险走的一步棋，因为这可能引发华为手机出货量和营收出现塌方式下滑、余承东本人引咎辞职、华为手机自此一蹶不振等一系列恶果。就在这一年，余承东顶着巨大的压力推出了两款手机：定价2999元的P1和定位3999元的D1。但现实却是残酷的，市场不认可，这两款手机根本卖不动。华为内部也流传着一个故事：任正非在使用D1的过程中频繁死机，任正非最后当着众人的面，将手机摔在了余承东的眼前。

消费者不认可、不买账，被老总“打脸”，面对如此尴尬的处境，余承东没有放弃，华为也是“拼死相救”，依旧投入大量资金和人力来大力支持手机端业务。结果如何，大家有目共睹。

“胜则举杯相庆，败则拼死相救”是华为的一句口号、一种文化，对于其他企业来说，其口号背后的实质才最重要、最值得借鉴的。不论文字描绘得多么天花乱坠，没有实际行动，对于一线员工来说都是在做无用功。因此，企业管理者应该做到：对有功于公司的员工，给予真金白银的奖励，不能只停留在口头上；而那些有能力、有冲劲的员工，可能会经历一时的失败，管理者要多安慰、多鼓励，之后也要一如既往地支持他们工作。实际行动比任何话语都有说服力！

用竞争激活组织活力

“生于忧患，死于安乐”，在竞争力不足、舒适安逸的环境中成长起来的企业，很容易安于现状，从上到下都会缺乏上进心，公司整体也会失去活力。如此一来，其竞争力必然欠缺，有朝一日面对真正的强敌时只能败下阵来。

日本政府曾经为了保护本土电信运营商，阻止国外运营商进入而想过一个“好点子”。他们把本国电信标准中的上下频率反了过来，即把上频率做成了下频率，把下频率做成了上频率。这个方法在一定意义上确实是一个“好点子”，因为它保护了日本国内电信运营商，使他们不用和国外同行进行竞争，迅速发展壮大。

但是，温室中的花朵生长得再好、开得再娇艳，也无法抵挡外界的风雨侵袭。日本电信运营商这些所谓的成功就像空中楼阁一般，在国际市场上没有丝毫的竞争力。果然，在日本本土市场逐渐饱和之后的国际化进程中，日本电信运营商在与国外同行的竞争中受到了剧烈的冲击，很快就败下阵来。

没有竞争，就不会有成长的动力与活力，也就无法增进自己的实力，竞争力也就无从谈起。任正非对于两者的关系有着十分深刻的认知，而且他也是运用竞争激活组织活力的大师，不论是“末位淘汰制”还是“赛马制度”，都是行之有效的手段。另外，相较于内部制度，任正非更加关注外部压力对公司活力的影响。2019年，在接受中央电视台采访时，任正非也谈到了这个话题。

中央电视台记者：当很多人知道我来采访您的时候，他们都希望我问这个问题，华为是不是已经到了最危险、最危难的时候？

任正非：不会，当我们没有受到美国打压的时候，孟晚舟事件没有发生的时候，我们公司才是到了最危险的时候。大家口袋都有钱，惰怠，不服从分配，不愿去艰苦的地方工作，这是危险的状态。现在我们公司全员振奋，整个战斗力在蒸蒸日上，这个时候我们怎么到了最危险的时候了？应该是在最佳状态了。

“战斗力蒸蒸日上”“最佳状态”等话语表明，外界看来的巨大灾难，到了任正非眼里则变成了增加组织活力的绝佳机会。

正是来自各个方面的源源不断的活力，才保证了华为一步一个脚印、相对安稳地走到今天。而如今的华为，已经傲然矗立在通信行业的顶峰，成为当之无愧的行业巨头。这也难怪一向低调的任正非甚至会说出“在5G上，我们也领先世界至少两三年”“全世界能做5G的厂家很少，华为是做得最好的；全世界能做微波的厂家很少，华为做得最先进；能够把5G基站和最先进的微波技术结合起来成为一个基站的，世界上只有一家公司能做到，这就是华为”这些话了。

但是任正非也明白，技术的领先带来的不仅仅是荣誉和盈利，还有团队内部的安逸与不思进取。缺乏同行竞争，公司员工也就少了进取的活力，长此以往，肯定要走下坡路，甚至走向灭亡，所以任正非才会在采访时说“这是危险的状态”。为了应对这样的“危险状态”，华为采用的方法也异于其他公司，那就是出售自己的领先技术，培养更多的竞争者。

2019年9月19日，任正非接受《财富》杂志采访，在被问及“出售技术”的事情时，任正非作了以下回应。

“这件事情对华为是有利的。一方面缓和了国际关系，另一方面增加了竞争对手。竞争对手如果不强，华为公司也会衰落。从这个角度出发，我们持有完全开放的态度。我们认为，未来信息社会的市场会非常宽广，还有更大的空间，能够容得下多个大公司和千万个小公司。当我们公司在很多领域上称霸世界的时候，可能离死亡也就不远了。”

不论是主动制造竞争，还是被动接受压力，华为都能把这些力量转化成增加员工活力的动力，员工的活力最终又会转化成公司的绩效，增加企业的效益。

用竞争激活组织活力，这条理念不仅在华为适用，在其他企业也是一样。所有企业都会面临竞争，管理者要做的就是把竞争的压力传达到企业内部，让员工处于紧张、有动力的状态。组织内部也需要制定合理的政策，让员工之间进行良性竞争，这同样是激发员工活力的重要手段。

定期内部优化，提高团队绩效

《华为基本法》中有一条规定：提高流程管理的程序化、自动化和信息集成化水平，不断适应市场变化和公司事业拓展的要求，对原有业务流程体系进行简化和完善，是我们的长期任务。华为一直对精简工作流程、剔除冗余环节、优化团队，进而提高工作效率和团队绩效有着孜孜不倦的追求。任正非本人对于团队结构优化也十分重视，他曾在各种场合表达了对员工在这方面的要求。

美国成功学大师博恩·崔西提出的“崔西定律”，描述了工作流程需要的执行步骤与工作困难程度之间的关系。即如果一件工作的执行步骤是 4，那么这件工作的困难程度就为 16；另一件工作的执行步骤是 5，那么它的困难程度就为 25，依此类推。

从“崔西定律”中不难看出，简化工作流程对于增加执行效率、提高团队绩效非常重要。因此，一件工作的执行步骤越少，员工就越容易掌握和精通，出错的可能性也就越小，工作效率才能提高，团队绩效也会受益。因此，任正非要求每一个华为人“要参加管理，不断地优化工作流程与工作质量，改革一切不合理的流程”。这是任正非对员工的要求，同时也给了员工提建议的勇气。

华为内部优化的做法可以总结为以下几点（如图 6-1 所示）。

图 6-1　华为团队优化

1. 让一线员工有话语权

在华为“心声社区”里，有一名员工曾发表了一篇抱怨财务部门审批流程冗杂、回应缓慢而导致自己工作无法正常进行的文章。看到这篇文章，任正非在公司内部有针对性地发表了一封批评财务部门并责令整改的总裁邮件。

财务部门根据这名员工的抱怨和建议进行了流程优化整改。他们精简了审批流程，剔除了其中费时费力的环节，这些举措不仅提高了财务部门的团队绩效，也大大地加快了审批速度，提高了其他兄弟部门的工作效率，一举两得。

在公司管理的部分问题上，一线员工是最有话语权的。但是碍于职位权力，他们大多无法提出有效的建议，这样一来，不仅会耽误自己的工作，也给公司发展埋下了“定时炸弹”。

2. 优化团队人员素质

团队的优化不仅在于精简工作流程，还在于提高团队人员的素质。2019 年 6 月 18 日，任正非在华为干部管理工作汇报会议上，再次强调了团队优化的必要性和重要性。

> 进了华为不代表可以永恒地在这里工作，我们要抓紧时间精兵简政，减少没贡献或贡献不大的冗员。合理、分步骤地改组 AT 团队，AT 必须是领导胜利的团队。当前形势下公司不是大力扩张阶段，是战略收缩与巩固阶段，不能好好干活的人就应该离开。精简的对象也可以是高级干部，高级干部有什么不可以淘汰的？平庸、惰怠和落后的高管淘汰了，下面优秀的基层员工就可以升上来成为高级干部，淘汰一个落后的高管可以支撑公司对好几个优秀员工的激励。

无论职位高低，不达标就要被淘汰。华为的这种管理手段，大大提升了团队的整体素质和整体绩效。统计数据显示，仅 2004 年到 2007 年，华为就有超过 2000 名的管理团队人员被请“下台”，其中约有三分之一降为普通员工，重新参与竞争。同时也精简了管理层职位，剔除了近五分之一的冗余职位，留下的都是被认可、有提升团队绩效能力的人员。

华为一直对领导层有着近乎苛刻的要求，对于一线战斗人员也是如此。从 2016 年开始，华为把员工划分为 4 类，分别是管理类、专家类、职员类、作业类，并将员工与奉行“工匠精神”的、具备高素养的德国和日本制造业人员对标，建立对员工的科学管理方法和评价体系。利用这套体系，华为对员工进行了系统筛选和梳理，了解并解决了各种历史遗留问题，缓和了诸多矛盾，达到了优化团队、提升绩效的目的。

“千里之堤，溃于蚁穴。”一座大型工程设施也好，一家大型企业也好，导致他们崩溃的开始都是一些很细节的问题和一些不受重视的小毛病。这些小问题和小毛病积少成多，最终就会发展为“不治之症”，等到此时再下决心整治，就为时已晚了。

突破部门局限，打破部门墙

团结协作对于一支队伍、一家企业的重要性已经无需赘言。但是在构建团队、营造协作精神时，也有一些需要克服的障碍。尤其是一些体量巨大、部门结构冗杂的企业，首先要解决的问题就是突破部门局限，打破“部门墙”。“部门墙”会危害企业的团结，拖累企业整体的绩效和效益。

“部门墙”的存在，会阻碍部门之间合作，导致消息不能互通，交流不通畅，工作成果不能共享。如果缺乏有效交流，一方面会让部门间的信任逐渐降低，各个部门就会构建自己的小团队，画地为牢，不再重视公司集体利益；另一方面，这种做法无异于故步自封，因为得不到大环境的反馈，不能及时更新，自然就难以跟上公司整体发展的步伐。另外，“部门墙”也会导致部门之间的不认同，使大家无法做到同舟共济，出现问题时只会相互抱怨、推诿责任。这样不仅会拖累公司整体的工作效率，对公司的生命力也是极大的损耗。

当然，“部门墙”不是从一开始就存在的，它是公司不断发展壮大过程中的产物。在企业发展的前中期，内部组织结构简单，人员构成精简，任务分配明确，交流协调畅通，因此这一时期“部门墙”几乎不会存在，各个部门的执行效率也都很高。随着企业的进一步发展，体量逐步扩大，内部结构也会越来越复杂，管理难度自然也越来越大。如果此时决策者的视野、心态和管理能力跟不上企业发展步伐，不能及时处理部门之间逐渐出现的纠纷，就会导致“部门墙”慢慢地出现，给公司以后的发展埋下隐患。“部门墙”是一些迅速扩张的大型企业几乎不可避免地会遇到的问题，华为自然也不能幸免。

经历 30 多年的发展，如今的华为内部结构复杂，部门众多，而且十几万名员工来自全球近 160 个国家和地区。因此，除了部门之间责任划分的原因以外，语言和文化的差异也是加剧部门之间隔阂、导致“部门墙”生成的重要原因。这些都是亟待解决的棘手问题。任正非在接受采访时也曾提到：“华为现在的问题就是机构臃肿，人浮于事，整个管理层级太多。”

为了解决这个问题，任正非研究过许多西方大企业的做法，借鉴和学习他们的管理经验。他多次在内部发表关于人力资源管理、组织结构改革的讲话，希望通过学习先进经验，然后结合华为发展实际需要，形成符合自身实际的管理方法，打破华为内部的“部门墙”，形成交流顺畅、团结协作的公司氛围，打造一支具有更高效率的团队。

1. 向优秀公司学习先进管理经验

为了打破“部门墙”，华为不仅走出去学，还把“老师”请到家里来现场教学。数据显示，从 1996 年开始，华为用于支付各类咨询公司的费用累计高达几十亿美元，从 IBM 到普华永道，从日立咨询到埃哲森，这些都是管理经验丰富，而且对于组织架构有独特见解的公司，这也足见任正非要打破“部门墙”的决心。

IBM 帮助华为解决了项目从计划到实施混乱和跨部门流程结构化的问题，美世帮助华为引入了经营管理团队系统（EMT），HayGroup 帮助华为明确了每个职位的能力需求，以及可能会出现的风险和员工责任制度……这些“老师”对华为的改造卓有成效，相信随着华为综合管理能力的提升，“部门墙”会进一步消减，直至最终被消除。

2. 培养敢于打破“部门墙”的精神

其实，这些“老师”对华为最大的功绩不是消除了现有的“部门墙”，而是教会了华为敢于主动打破“部门墙”的精神和勇气。

华为越南代表处 CFO 季慧就是这样一名勇敢的华为人。2017 年 3 月 21 日，季慧在《华为人》发表了一份不一样的述职报告——《小丫也能扛大旗》。在文章结尾，季慧说：

> “只要我们敢于突破边界、敢于‘挤’出天地、敢于承担责任，就能得到领导最大的支持和大家的认可。当我们‘挤’出了边界，领导和同事不会因为你‘管得太宽’就一脚将你踢下桌子，相反，他们会将你请上主桌。”

由此可见，“部门墙”并不是洪水猛兽，只要团队内、部门间团结一心，敢于冲破障碍，团队就能“挤”出新天地，获得更大的舞台。而部门之间的团结协作则是增加部门绩效和企业整体效益的有力手段。

把一个人的事业变成一群人的事业

有很多人都认为，老板和员工的关系就是雇佣关系，一个出钱，一个出力，二者各取所需。这样的企业会得以发展，却很难壮大，因为经营者和管理者的眼界有限。相比之下，任正非对员工的期望并不止步于简单的雇佣关系，他用“全员持股”制度让每一位华为人明白，他们也是华为的“老板”，是和大家站在同一战壕里的战友。也就是说，从创办华为开始，任正非就没有把它当成自己一个人的事业，在他心里，华为是属于全体华为人和华为服务的每一个客户的。形象一点来说，任正非真正地做到了把一个人的事业变成了一群人的事业。

那么，任正非究竟是怎样把每一个华为人和华为紧紧连接在一起，打造了“华为事业共同体”的呢？

1. 员工政策的制定和完善

（1）薪酬

任正非曾经说过：“钱分好了，管理的一大半问题就解决了。”任正非会分钱，也舍得分钱。华为的高工资是众所周知的，员工的起步工资就高于行业平均水平，而且还会多次加薪，另有持股分红可以兑现。这些措施相较于业内同行更有竞争力和吸引力，也能招揽更多的技术人才，并将人才留在华为。

（2）职位匹配

让一名员工从事他擅长做、愿意做的工作，他的工作效率才会更高，他的自我实现需求才会得到满足。这也是公司人才配置的理想状态，人尽其才，合理搭配，形成企业和员工的双赢局面。华为每年都会进行人才和职位的匹配，通过考察员工过去一年的工作能力、绩效和其所匹配职位的应尽责任，经综合考虑后判定员工与该职位是否相匹配，尽最大可能把合适的人放到合适的职位上。

华为相信，这样的匹配不仅可以让员工发挥最大的工作效能，还可以剔除滥竽充数者，保持组织最大的活力。

（3）职位评级

在华为没有“铁饭碗”，任何职位都需要凭借能力、贡献来获得。为此，华为打造了一套根据业务需要、与时俱进的职位职级系统。此系统尤其优待一线作战员工，这也符合任正非“让听得见炮声的人指挥战争”的思想。这套职级系统要求用人者要敢于打破现有平衡，对于业务能力优秀、绩效表现突出的员工，既要大胆用，也要好好用。

设立职级系统的初衷不是要把员工划分为三六九等，它的作用主要是奖励优秀员工，使报酬和其他资源都向这些人倾斜。通过这套系统，华为也确实达到了这个目的，激励了一批又一批的华为人。

2. 以员工为中心的管理理念

“坚持以奋斗者为本”是华为多年来一直坚持的管理理念。华为要求高级管理层要有全局意识和眼光，评价下属要不偏不倚，保持公正无私，要具备能够容下意见不同员工的心胸。在平等对待每位员工的基础上，华为还不断营造团结互助的氛围，发扬群体奋斗的精神。同时，华为十分尊重员工个性，认同个体之间存在的差异，希望能在大方向上求同，在员工个体上存异，从而让员工充分发挥个人所长，并很好地融入大集体。

3. 建立共同长期愿景

想要把一个人的事业变成一群人的事业，其中最关键的因素就是建立共同长期的愿景。同时，管理者要将这一愿景深深植根于每一位员工的心中，让大家能够主动融入其中，主动担当起自己的责任和使命，以完成公司愿景为己任。任正非在华为内部不止一次地强调，华为所有的服务和产品都要以客户满意为最终目标，“为客户服务是华为存在的唯一理由”。只有客户满意了，华为才能获得市场，企业才能有效益。

身为华为领导人，任正非非常清楚群体奋斗的重要性，也明白将这些分散的力量拧成一股绳形成的战斗力会有多么惊人。所以，任正非以及华为领导层出台了这些有针对性的意见和措施，并持续优化相关政策。

华为的这些做法值得所有企业决策者学习借鉴，而任何政策的制定和落实都少不了管理者的以身作则，如果政策制度只是一纸空文，那就毫无意义。企业内部团结协作氛围的营造，也考验着管理者对员工个体差异的尊重。

第七章

绩效辅导：辅导本身就是一种激励

在华为，每位员工都可以获得阶梯式的培训、企业和团队适时的关怀，以及良好的学习环境和发展空间。员工在这里成长，在这里辉煌，华为也因为无数个员工的辉煌而更加强大！

绩效管理的四大障碍

一个企业要不断成长，需要靠什么来推进和实现呢？当然是有效的绩效管理。但在具体操作过程中，很多企业的管理者会发现，绩效管理的实施是有难度和有障碍的。下面，就让我们来谈谈这些障碍（如图 7-1 所示），并参照华为公司的做法，分析一下应该如何清除这些障碍。

图 7-1　绩效管理四大障碍

1. 部门效益越差，越不给员工涨工资

在企业绩效考核时常见的一个问题：部门效益越差，就越不给员工涨工资。其后果就是，该部门的优秀员工不断流失，要么跳到别的部门去了，要么跳到别的企业去了。这样就形成了恶性循环，差的部门越来越差。

为了解决这个问题，留住核心员工，华为实行了用工资来倒推任务的做法，这就是增量绩效管理方法。

什么是工资倒推任务？很多企业在做工资预算时，总是给下面的人安排任务，这等于“逼着”他去做。华为在做工资预算时是反过来的。例如，预算某部门工资额为500万元，该部门某个员工应该拿到的工资是30万元，那么他就要为他应拿到的工资数额去完成相应的绩效任务。这就是华为的做法：首先设定一个工资包，再按照员工所拿工资份额，按比例倒推他的任务。

企业管理的核心问题是把组织绩效、部门费用、员工收入高度关联起来。增加核心员工的收入，高收入产生高激励，高激励带来高压力，反过来推动核心员工能力大幅度提升。

在华为，给核心员工加工资是强制性的规定，同时也根据其收入的提升度推算其应该完成多少指标。每年经过考评后，会给完成任务量排在前20名的员工增加20%工资，完成任务量排在中间的20%员工增加10%的工资。每超额完成任务的10%，能够增加工资的员工比例再增加10%。

华为以这种方式留住了很多优秀的核心员工。即便员工减少，员工工资也保持一定水平的增长，效率就会持续增长。这就解决了部门越差越不涨工资、优秀员工越来越少的问题，成功实行了增量绩效管理。

2. 提高人均毛利率

在绩效管理中，很多管理者发现，有些员工并不会为了销售收入的提升而努力。怎样才能在现有的销售基数下提高企业利润呢？这就需要每一单的毛利率有所提升。

为了达到既定目标，华为将毛利指标分为六个“包”：研发费用包、市场产品管理费用包、技术支持费用包、销售费用包、管理支撑费用包、公司战略投入费用包。每个“包”确定一个“包主”，由“包主”确定下面需要多少人，这个人数是依据毛利来配比的。

把毛利率的任务指标落实到每一个员工身上，这样就解决了企业中人均毛利率提升的问题。人均毛利率的增长，决定着工资包的增长。

3. 减人，亦要增效

企业要发展，规模要扩大，就需要招聘更多的新员工，新老员工论资排辈，难免出现人浮于事的弊端。华为在实施绩效管理的过程中也发现了类似问题：每个人都很忙，但是没有效率，那么该如何改善呢?

华为 HR 在制定招聘需求的时候会明确三点：这个岗位为什么需要这个人？这个人独特的价值是什么？能不能给其他人加点工资，让其他人来承担这个岗位的工作？通过这三个问题，华为确保招进公司的每一个员工都是可以为公司提供有效价值的。

道理是显而易见的：即使是招聘一个月薪只有 3000 元的普通员工，他每年的人工成本至少也要 80000 元。而如果给能够完成这个任务的员工每月加 2000 元，他会很乐意加班完成这个任务，这就最大限度地发挥了人力价值，节约了人力成本。华为规定每个部门的经理任职期限是三年，任职第一年的任务就是合并岗位、精简人员。

华为认为一个岗位的职能越多越好，管理岗位和职能岗位越少越好，产出岗位越细越好。

产出岗位是什么？就是研发经理、市场经理、客户经理等与公司发展、技术战略密切相关的岗位。对于产出岗位，要“去行政化”，提升他们的待遇，增加他们的薪酬，而不是提高他们的行政级别，也就是要让他们“发财”而不是“升官”。例如，华为每年对于考核排名前三位的优秀产品经理、客户经理，要拿出大笔的收入对他们进行增量激励。

华为的行政职位和产出职位是分离的。行政职位侧重于企业的管理职能，产出职位则集中于市场部、技术部、研发部等直接创造公司效益的职位。明确分工，相应调整薪酬策略，才能更好地发挥他们各自的能量，达到减员增效的目的。

4. 绩效与人才关系

生产型企业需要技术型人才。一般来说，技术型人才都不太善于外联，如果整天积极谋求与他人搞好关系，他也不太可能沉下心来搞研究创新。但若跟主管关系好，对于拿到好的考评成绩是一个积极因素。怎么解决这个矛盾呢?

华为的做法是：三级主管本身都有严格而细致的 KPI 考核指标，那么他就有可能倾向于给 PMP（项目管理专业人员）更多的 A、B^{+} 的评价，以激励技术型人才，这样就保证了考评成绩还是以业绩为主。当然，适当地与主管保持良好关系也是必要的，因为人都是喜欢与自己亲近的人。

对于很多企业来说，华为的上述做法无疑提供了一种很好的参考。企业绩效管理实施过程中必然要遇到很多困难和阻力，这是一个不断改进完善的动态过程。若没有有效的绩效管理，组织和个人的绩效得不到持续提升，组织和个人就不能适应残酷的市场竞争，最终将被市场淘汰。

走进大队训练营

华为公司在 2005 年正式注册了华为大学，以便为客户和员工提供培训（如图 7-2 所示）。通过培训，员工掌握了规范的管理体系和规则，熟悉了技术流程和操作标准，也认识了企业的内部规则，这为他们以后在企业的工作和生活奠定了良好的基础，华为自身也逐渐被打造成一家学习型企业。

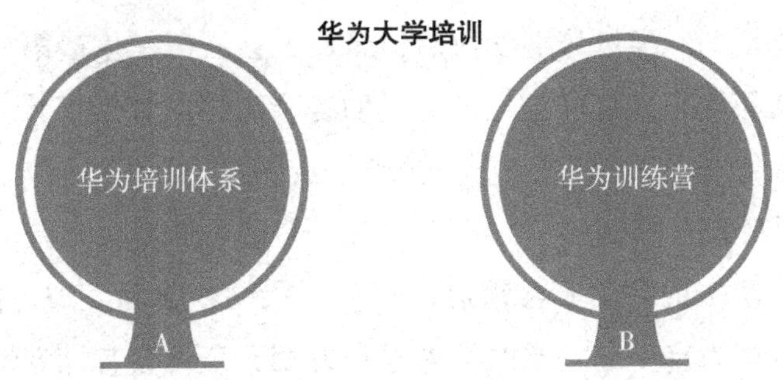

图 7-2　华为大学培训

1. 华为的培训体系

华为的培训体系由上岗培训、岗中培训、下岗培训三个部分构成。

（1）上岗培训

上岗培训主要针对新员工。新员工入职就要接受为期半年的封闭式培训，培训的强度、力度非常大，被员工称为“魔鬼培训”。培训内容包括军事训练、企业文化、车间实习与技术培训、营销理论与市场演习几个部分。

从 1997 年开始，任正非要求新招聘的员工必须接受军事训练，教官都是部队退役的，训练标准严格参照军队要求，员工每天 6 点半要起床跑操，迟到者会被扣分。

华为从各种小事着手规范管理，培养员工遵守纪律的习惯。华为对新员工的入职培训非常严格，从进入华为第一天起，每位员工都要接受严格的检查，规定必须得到严格执行。不合格的必须立即改正，拒绝改正者很可能就会被开除。

《团结就是力量》《解放军进行曲》等革命歌曲是华为员工开大会时必唱的歌曲，这种充满战斗激情的歌曲，使员工的组织性、纪律性和集体主义意识大大增强。

华为就是这样通过军事训练将团队精神渗透到员工的“血液”中，使员工遵守纪律、尊重制度、职业化处事。

华为大学的课程内容很多，以帮助员工树立自我批判、艰苦奋斗、诚信、创新、团结合作、互助、责任心与敬业精神、服从、以客户为中心等观念。通过这样的培训，可以使员工抛弃自己固有的观念和行为模式，转而接受华为的理念。

华为公司对新入职员工的首个要求，就是尽快掌握工作技能。为此，华为组织了细致且全面的技能培训。经过培训学习后，新员工会被派往生产第一线，进入生产环节。他们的培训老师均是来自华为生产一线的各个岗位的骨干精英，这样一来，理论与实践经验得以结合，可以促使员工迅速成长、成熟。

（2）岗中培训

为了保证员工队伍的技术不会落后，跟上时代的变化和发展，使员工不断进步、充满激情与活力，华为有一套完整的个人成长方案，公司会有计划地、持续地对员工进行充电、培训。

岗中培训内容包括：

①在职培训与脱产培训相结合；

②自我学习与教授学习相结合；

③传统培训和网络培训相结合。

（3）下岗培训

华为内部还有一种培训叫作下岗培训，这种培训主要是为下岗、转岗的员工设立的，目的是使公司员工能上能下，找到适合自己的岗位，熟练掌握新岗位技能。

任正非对下岗再培训人员曾经说过这样的话：“人生走得顺利的人，你们要警惕一点，你们可能会把华为公司拖进陷阱。人的一生太顺利，也许是灾难，处于逆境中的员工注意看，就会发现受挫折是福而不是灾难。”

华为的职位都是动态的、可变的。今年是总裁，明年可能就是某地的办事处主任，后年也可能被派往欧洲工作。几上几下，几经锤炼，或许有一天某位员工有可能走向重要的工作岗位，而在胜任各个岗位之前，华为都要针对该岗位的特性，对该员工进行岗前培训。

2. 华为的训练营

为了搞好员工培训，华为除了设立华为大学外，还建成了华为训练营。华为的训练营主要针对新员工进行培训。华为新员工要经过三重考验，即大队培训、一营培训、二营培训。

（1）大队培训

大队培训的主要内容为公司文化介绍，包括公司的六大核心价值观——成就客户、艰苦奋斗、自我批判、开放进取、至诚守信、团队合作；高层领导和员工交流、观看主题电影；团队合作模拟演练（即户外体验活动）。

（2）一营培训

新员工在达到大队培训要求后，就会进入一营培训。一营培训的主要内容是公司运作及服务流程规范。

> 新员工需要在2～3天内，以听课和考试的方式熟悉公司运作基本流程，以及员工对内、对外服务流程的规范。相关产品线的培训周期稍长，1～2个月不等。一般员工培训时所学习的内容，决定了新员工以后的岗位。
>
> 一营培训结束后，立即进行为期2个月的实习，以提高新员工的实战能力。实习中，公司会为新员工安排工作内容，并指派导师进行辅导，导师负责新员工在实习期间的学习和工作计划的制订及考核。在考核方面，新员工需要每周提交周记，月初安排自己的学习工作计划，月末提交当月考核成绩。
>
> 实习结束时，由导师和主管给出成绩，成绩由两部分组成：其一是学员日常学习中的表现，其二是实习结束时的答辩。学员需要提交答辩PPT、实习总结文档、实习考核文档，最后由导师和主管给出答辩成绩。

（3）二营培训

在一营的培训、实习两个环节结束后，新员工将到二营参加为期50个工作日的培训，培训地点在深圳总部，主要培训内容为展厅宣讲、客工部实习、PPT制作及宣讲能力、投标及商务培训等内容。

> 展厅宣讲主要是展示员工的中英文表达能力，让他们给来自世界各地的政企高管、一般企业客户讲解公司产品；客工部实习主要是培养员工的接待能力，让他们接待来自世界各地的政企高管、一般企业客户。
>
> 通过二营培训，可以使新员工提高客户接待和问题处理能力，并具备一定的商务能力。在一、二营培训结束后，公司领导会与新员工进行沟通，依据个人意愿、岗位匹配度及公司实际需求确定员工最终的岗位。

华为对员工的军事化训练，培养了员工的执行力，并使其具有了良好的团队精神和凡事以结果为导向的意识。

让导师帮助你成长

每个人从实践中摸索出来的经验都是非常宝贵的，如果能将这些经验传授给他人，可以让被传授的人少走很多弯路，成功抵达目的地的可能性大增；如果传授的是企业生产经验，则可让公司、工厂减少损失，提高产品质量，提高个体和集体的劳动生产率，进而提高企业整体的效率和利润率。所以，对于一个集体来说，经验是非常宝贵的财富。

> 《华为人》曾经刊登过这样一篇文章：一个汽车生产企业的员工，发现某种零件有毛刺，于是他就自己买了一把锉刀，把问题零件的毛刺锉掉，这样零件就能够100%合格了。可是，等到他退休了以后，同样的零件却大多不合格，原来是他没有把自己的经验告诉别人。

这件事情让华为领导人悟到了一个道理：每个人都有值得学习的地方，或许是他的经验，或许是他的技能。因此华为实施“全员导师制”，“一带一，一帮一”，这种训练方式让新员工有更多的机会掌握更多的常识和专业技能，并迅速成长为骨干。

任正非认为，所有员工都需要导师，通过导师制，可以实现“一帮一，一对红”。不仅新员工有导师，老员工一样要有导师；不仅生产经营系统有导师，其他系统，例如研发、客户、行政、后勤、营销等，也要有导师。

为了让导师制切实可行、落实到位，华为还采取了下列措施（如图 7-3 所示）。

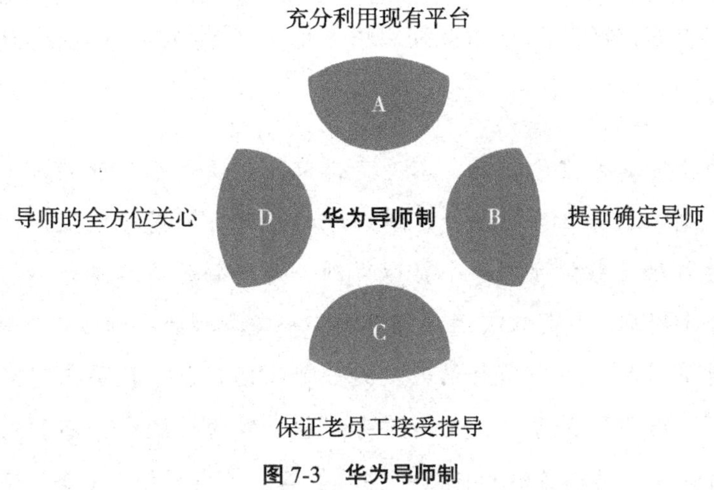

图 7-3　华为导师制

1. 充分利用现有平台

在华为现有平台上积极宣传，让华为员工了解导师制的重要性和作用，从而让员工具有主动意识，积极拥抱这一新生制度。

2. 提前确定导师

为了确保华为新员工在到岗的第一天就有导师带教，华为都会提前选好导师。导师的具体安排如下：一营培训，设立的是思想导师；二营实习，设立的是实践导师，确保培训全程都有导师指导。另外，师徒关系一般不会轻易改变。

3. 保证老员工接受指导

华为对因工作需要调岗的员工或绩效考评不佳下岗的员工，都会进行新的技能培训，由精通该专业领域的老员工带教，员工学习成绩的好坏将作为晋升的条件之一。华为用这种方式促使全员不断学习、不断进步、不断进取。

4. 导师的全方位关心

华为的导师不仅传授专业技能和生产技能，还会对徒弟的思想和生活等方面进行指导和疏导。徒弟在生活中遇到问题时，也有了可以倾诉的对象，可以汲取导师的生活经验。

好的方法需要有好的制度作为保证。华为也为“导师制”的实行制定了相应的激励措施。

导师资格凭真才实学获取，不论资排辈。即使是刚入职的员工，只要其工作能力很强，也可以晋升为导师，这对新人的激励作用是很明显的；华为公司会给导师一定的补助，每位导师每个月会得到一定数额的导师费；公司定期评选优秀导师，优秀导师每人每月比普通导师再增加一定数额的导师费。

除了奖励措施，还有约束措施，例如责任连带制。徒弟出现问题，导师会受到连带惩罚、降职降薪等。华为对“导师制”有明确规定：不能继续担任导师的员工，没有晋升资格；没有担任过导师的员工，不得提拔为行政干部。

华为的“全员导师制”激励了老员工的积极性，让新员工缩短了进入公司的“磨合期”，使他们可以更快地适应新的工作岗位，而且打造了员工之间的和谐关系，提高了团队的战斗力和凝聚力。

适时关怀一线员工

华为的一线员工为华为的发展壮大付出了很多。例如，在华为初创期，很多员工基本都是连轴转，没有休息日；外派员工付出的牺牲就更大了，有的员工离家太久，给家人感情和孩子教育都带来很大问题；至于水土不服、条件艰苦、地方落后那都是小问题了，甚至有的员工还付出了生命的代价。

南美地区和我国的时差正好是 12 个小时，所以南美地区的员工经常要到晚上才能和深圳总部的同事们开会。有一次正在开电话会议时突然发生了地震，震感强烈。深圳的同事还在奇怪，怎么开着开着会，同事们都下线了呢？正好还有一个人在线，于是便询问他，才知道那里发生了地震，大家都跑了，他也是躲在桌子底下跟深圳这边交流。据说后来这个人因为高度的责任感被升职，成了部门主管。

任正非曾经动情地说："我们不得不在夹缝中生存。当我们走出国门拓展国际市场时，放眼望去，能看到的良田沃土早已被西方公司抢占一空，只有在那些偏远、动乱、自然环境恶劣的地方，他们的动作稍慢、投入较小，我们才有一线机会。"

为了抓住这最后的机会，无数优秀华为人离别故土，远离亲人，奔赴海外。无论是在非洲，还是在伊拉克，到处都可以看到华为人奋斗的身影……

华为人在奋斗、在奉献，华为公司也始终贴心地关怀着他们的勇士（如图 7-4 所示）。

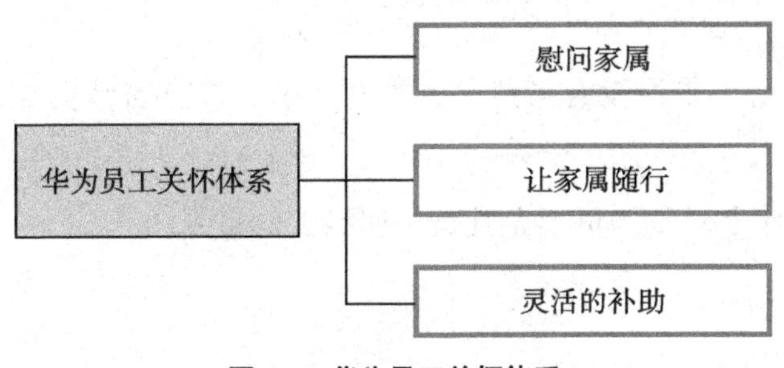

图 7-4　华为员工关怀体系

1. 慰问家属

任正非意识到，不但要给员工丰厚的薪水、奖金及其他福利，还要关怀、关心员工及其家属，他们同样为华为的发展付出了很多。

为此，华为近几年来每年春节都会举办家庭慰问活动。例如，2019 年春节，华为第五次举办"春节家属慰问"活动。员工只需要选好礼物、填写地址，其他的全部由华为操办，贴心又省心。当年公司还向每位员工的家属赠送了一版新年邮票，既讨喜又有纪念意义。

2. 让家属随行

为了让一线员工和他们的爱人少受分离之苦，也方便照顾员工的生活、让他们安心在海外工作，华为推行了家属探亲、家属随行的政策。华为会报销家属的往返路费，还会帮助员工家属解决吃住问题、子女上学问题等。这些政策让员工真正感受到了华为这个大家庭的温暖，使其更加热爱华为这个企业。

3. 灵活的补助

华为为了激励员工接受外派的工作任务，在海外一直实行高薪水、高补贴、高福利的政策。

华为规定，离家补助为月薪的 60%，月薪低于 15000 元的，均按每月 9000 元补贴，并一年报销三次往返机票；如派往艰苦危险地区，每天还额外有 110 美元的补助。华为的很多员工还是很愿意被外派的，因为既可以开阔眼界、了解世界、观赏异域风情，也可以比在国内挣到更多的钱。

任正非曾经说过，华为没有天然气、没有石油、没有自然资源，华为只有人，华为人就是最好、最丰富的资源。

由此可见，任正非对华为员工尤其是一线员工的重视。

从研发人员到项目责任人

华为的项目责任人一般都是从企业内部提拔的。例如，从研发人员中提拔部门主管。

作为项目骨干，只要出色完成自己的绩效任务就可以了；而作为一个项目的责任人，则要承担整个项目的绩效任务，需要具备带领团队协同作战的能力。因此，项目负责人需要有带队伍的能力、用好人才的能力、对外沟通协调的能力。锻炼和提升各种能力，是从员工成长为项目责任人必须经历的过程。

就拿沟通来讲吧，项目责任人要学会这些沟通技能：沟通要有目的、有计划，需要预设方案，把自己的愿望想清楚；明确和对方谈什么、在哪谈；想好交流的具体环境，要符合对方的身份、爱好、性格、年龄，甚至性别；另外，还要调节好交流的氛围。

项目责任人要注重团队建设。团队要完成绩效考核目标，一定要有好的团队合作精神，要有积极的工作态度。

那么怎样让团队达到这种理想状态呢？

1. 给予下属评价、建议、指导

项目责任人一般情况下都是本项目的核心人员，在工作技能、技术水平方面能力较高，因此在具体工作内容中可以给予下属更多的指导、建议，提升整个项目的绩效水平。

2. 做好绩效考核，公正公平评价下属

项目责任人还需要做好员工的绩效评价工作。绩效评价结果将直接影响员工的切身利益，因此，项目责任人要注意做好日常记录，使评价依据充分，保证评价结果的公平公正。

3. 培养团队的合作精神

要调动团队中所有人的积极性，发挥集体力量。如果团队是一盘散沙，有劲不往一处使，即使项目责任人自己再出色，完成目标也会有困难。

4. 了解团队成员感受

华为提倡“个性化关注”，就是充分尊重员工个体的表现，关注他们的感受，以此减轻员工的压力。

5. 让下属看到希望

挫折会让一个人灰心失望，消极的情绪会在某个空间内传播；而一小步一小步的成功会让员工感受到目标不是那么遥不可及，增加他们的成就感和希望，让员工不断地向着目标前进。

6. 用言行传递导向

榜样的力量是无穷的。作为项目责任人不仅要以身作则，还要言行一致、表里如一，让员工从自己的身上看到正能量。

7. 承认下属的能力

作为项目负责人，不仅要鼓励下属进步，还要能接受比自己强的下属。只有这样，整个团队、整个企业才会不断进步。

8. 要包容下属的错误

金无足赤，人无完人。项目责任人要有宽容的胸怀，在下属犯错误时要及时帮助他们分析原因，而不只是严厉地批评或者彻底否定他们。

9. 要精通技术

项目责任人要具有一定的行政管理能力，但也应是该项目的技术灵魂，不能放松自身对技术的研究和精进。在一个以科技为主体的企业里，忽视技术就是舍本逐末。

10. 做事、处理问题不机械

项目责任人要掌握原则，失去了原则，就会使“人情风”蔓延。但在处理问题时也不能过于简单机械，方式不当、沟通不畅也会伤害到员工的自尊心、自信心和工作积极性。

从研发人员成长为项目负责人，对员工个人来讲，是个人价值的实现、个人能力的提升和锻炼；对企业来讲，是人才培养的一条路径，可以让优秀的人发挥出更大的效能。

第八章

绩效评价：一切评价围绕绩效结果展开

一切评价围绕绩效结果展开，可以让奋斗目标清晰明确，让绩效评价有理有据，使员工个人的成长与企业价值的增长有机结合。

基于企业价值的评价体系

华为是以员工为企业带来的利益、创造的价值为基准设立考核体系的，考核结果将应用于月度奖金的分配、年度奖金的分配、绩效工资的确认、晋升资格的确认、晋职资格的确认、培训资格的确认等各个方面。

1. 绩效考核

华为的绩效考核分为月度考核和年度考核。

华为的月度考核总分为1000分，划分为5个等级，各考核等级对应的分配比例如下。

等级A（优秀）：奖励40%月基本薪酬，占员工比例5%。

等级B（良好）：奖励30%月基本薪酬，占员工比例20%。

等级C（称职）：奖励20%月基本薪酬，占员工比例50%。

等级D（基本称职）：奖励10%月基本薪酬，占员工比例20%。

等级E（不称职）：无基本薪酬奖励，占员工比例5%。

注：基本薪酬＝基本工资＋绩效工资

华为的年度考核总分为1000分，划分为5个等级，各考核等级对应的分配比例如下。

等级A（优秀）：奖励1月基本薪酬，占员工比例5%。

等级B（良好）：奖励80%月基本薪酬，占员工比例20%。

等级C（称职）：奖励60%月基本薪酬，占员工比例50%。

等级D（基本称职）：奖励50%月基本薪酬，占员工比例20%。

等级E（不称职）：无基本薪酬奖励，占员工比例5%。

注：基本薪酬＝基本工资＋绩效工资

2. 不良事故考核

不良事故考核是指根据不良事故造成不良后果的程度，划分为A（重大）、B（一般）、C（轻微）三个等级。不良事故的处罚规定如下。

（1）等级A（重大）

①年薪制：不享受考核年薪和奖励年薪。

②等级薪酬：不享受月度奖金。

③销售支持：不享受月度奖金。

④直接销售：扣除当月提成。

⑤生产计件制：不享受年中奖或年终奖。

（2）等级 B（一般）

①年薪制：扣除 50% 考核年薪和奖励年薪。

②等级薪酬：扣除 50% 月度奖金。

③销售支持：扣除 50% 月度奖金。

④直接销售：扣除 70% 当月提成。

⑤生产计件制：扣除 50% 年中奖或年终奖。

（3）等级 C（轻微）

①年薪制：扣除 20% 考核年薪和奖励年薪。

②等级薪酬：扣除 20% 月度奖金。

③销售支持：扣除 20% 月度奖金。

④直接销售：扣除 30% 当月提成。

⑤生产计件制：扣除 20% 年中奖或年终奖。

3. 等级工资制员工绩效工资

等级工资制员工绩效工资与当月公司总体业绩完成情况及员工月度考核成绩挂钩。具体分配比例如下。

公司总体业绩完成 100% 及以上的工资支付比例：不称职，80%；基本称职，90%；称职，100%；良好，100%；优秀，100%。

公司总体业绩完成 95%~99% 的工资支付比例：不称职，70%；基本称职，75%；称职，80%；良好，90%；优秀，95%。

公司总体业绩完成 90%~94% 的工资支付比例：不称职，60%；基本称职，65%；称职，70%；良好，80%；优秀，90%。

公司总体业绩完成 85%~89% 的工资支付比例：不称职，50%；基本称职，55%；称职，60%；良好，70%；优秀，85%。

公司总体业绩完成 85% 以下的工资支付比例：不称职，50%；基本称职，50%；称职，50%；良好，50%；优秀，50%。

4. 考核成绩与奖金的关系

等级工资制员工的考核成绩与奖金的关系具体如下。

（1）月度考核

①月度考核不称职的员工，免月度奖。

②连续两次考核不称职者，警告。

③累计三次考核不称职者，辞退。

（2）年度考核

①年度考核不称职者，免年度奖。

②连续两年考核不称职者，辞退。

③其他考核等级的享受标准，参见公司等级薪酬管理制度。

5. 生产计件员工考核与奖金的关系

生产计件员工奖金与工作行为态度考核、管理行为考核挂钩，半年考核一次，根据额定部分提取奖金总额，采取奖金分享方式进行分配。考核等级和相应的分配比例如下。

等级 A（优秀），年中奖金：1 月基本薪酬；年终奖金：2 月基本薪酬；占员工比例 5%。

等级 B（良好），年中奖金：70% 月基本薪酬；年终奖金：1.8 月基本薪酬；占员工比例 20%。

等级 C（称职），年中奖金：60% 月基本薪酬；年终奖金：1.5 月基本薪酬；占员工比例 50%。

等级 D（基本职称），年中奖金：50% 月基本薪酬；年终奖金：1 月基本薪酬；占员工比例 20%。

等级 E（不称职），年中奖：无基本薪酬；年终奖：无基本薪酬；占员工比例 5%。

注：基本工资薪酬 = 基本工资 + 绩效工资

6. 销售人员考核成绩的应用

销售服务支持相关人员的月度奖金根据考核结果确定，按月度发放，具体参照等级员工管理办法执行。其支付水平略高于公司其他部门的平均水平，具体分配比例如下。

等级 A（优秀）：奖励 60% 月基本薪酬，占员工比例 5%。

等级 B（良好）：奖励 40% 月基本薪酬，占员工比例 20%。

等级 C（称职）：奖励 30% 月基本薪酬，占员工比例 50%。

等级 D（基本职称）：奖励 20% 月基本薪酬，占员工比例 20%。

等级 E（不称职）：无基本薪酬奖励，占员工比例 5%。

注：基本薪酬 = 基本工资 + 绩效工资

7. 享受等级薪酬制员工年度考核与晋级的关系

年度考核不称职者，免晋级。

年度考核等级为基本职称以上（含基本职称）者，可在本职等内晋升一级。

年度考核成绩为优秀者，可在本职等内晋升两级。

不管哪种晋级状况，如果在本职等内没有晋升空间，则不能晋级。

8. 享受等级工资制员工年度考核与晋级的关系

主管以下（不含主管）或薪资等级在五职等（不包括五职等）以下者，连续两年考核为良好（或以上）者，可以晋升一个职等。

主管以上（含主管）或薪资等级在五职等（包括五职等）以上者，连续三年考核为良好（或以上）者，可以晋升一个职等。

绩效评价 ABC

华为在 2020 年 3 月 31 日发布的 2019 年年度报告中称，华为 2019 年实现全球销售收入 8588 亿元，同比增长 19.1%；净利润 627 亿元，经营活动现金流 914 亿元，同比增长 22.4%。

华为内部人士认为 2019 年华为全球业务实现稳健增长的根本原因有两点：一是“以客户为中心，以奋斗者为本，长期坚持艰苦奋斗”的核心价值观的文化建设；二是不断在内部推行管理和组织变革，提高了效率，激活了组织。由此可见，组织的建设和管理在企业发展中的重要作用。那么，华为的组织内部是如何保持激活状态的呢？

这与绩效管理体系的建设是分不开的。

华为有严格的绩效评价体系和相应的奖惩制度，实行绩效评价 ABC 管理。

华为员工绩效评价分为 A、B、C 三个档次，按照员工比例来固定分配，A 档次一般占员工总数的 5%，B 档次占员工总数的 45%，C 档次占员工总数的 45%，还有 5% 的员工将被视作最后一档：待查。如果员工连续获得 C 档或者“待查”档，不仅不能拿到绩效奖励，还会被降薪、调岗，损失收入不说，职业生涯也存在一定风险。

华为的一位资深员工说：华为人需要忍受高强度的工作压力，进行周期短、工作量大的艰苦开拓。

华为艰苦奋斗的企业文化，具体到员工身上就是创新、敬业、团结协作，对工作高度的责任感和对企业高度的忠诚。

从总裁到各级干部的重要考核指标之一就是客户满意度。华为的绩效目标以客户需求为导向，为客户服务的意识贯穿于绩效管理整个过程中。

华为将企业的核心价值观贯彻于企业的日常管理之中，贯彻到企业绩效目标的每一条每一款中，再通过目标细化使其成为每一名员工的具体奋斗目标，根植于每一名员工的心中。绩效评价结果与员工切身利益息息相关，保证了员工的积极性和主动性。员工是在为华为工作，也是在为自己的明天打拼。

以绩效承诺书约束绩效行为

曾经华为有一个团队的成员离职，原因是他通过市场部的调研和团队的共同努力开发了一款视频产品，他预测将来视频会有旺盛的市场需求。

当他把详细的项目报告发给上级，要求成立视频开发专项组时，他的主管觉得这个项目是有很大风险的，万一失败了，承担损失的是主管。那么，主管在华为多年的付出就白费了。抱着“多一事不如少一事”的心理，主管没有同意开发这个项目。

这个华为员工后来又提交了几次申请，依然石沉大海，他知道机不可失，也对主管的态度极为失望，便辞职创业。结果，这个没有被主管通过的项目，一投入市场立即引起了轰动，该员工获得了很大的收益。

这件事引起了华为的重视，也惊动了任正非。在这件事中，华为损失的不仅仅是金钱、市场，还有外界对华为内部管理的质疑，任正非开始检讨、反省华为现有的干部制度，并着手改变。

从此，华为要求所有干部签订绩效承诺书，以此督促干部言行一致、重视结果，而不是只把管理停留在口号上。华为坚持以责任结果导向考评的制度，对干部的行为实施有效的约束。干部要通过自己的述职报告确定自己的责任，预计要达到的绩效目标。

公司每年年初会根据上年实际完成的各项指标（如虚拟利润、人均销售收入、客户满意度、销售净利润等）制定新一年的工作指标，干部根据公司指标的分配情况立“军令状”，承诺内容根据目标的高低分为持平、达标、挑战三个等级，一个财年结束后，公司会根据目标的实际完成情况对该名干部进行评估。

华为某高级干部的绩效承诺书如表 8-1 所示。

表 8-1　华为某高级干部的绩效承诺书

员工姓名：		员工工号：				
部门产品线：						
职位角色：×× 部部长						
评估时间：						
KPI 指标	权重	KPI 分数	持平（80%）	达标（100%）	挑战（120%）	加权
销售订货率	35	目标值	10.56	17.5	20	
货款回收率	25		×	×	×	
产品制造毛利率	10		×	×	×	
销售运作费用率	10		×	×	×	
销售费用率	10		×	×	×	
用户服务费用率	8		×	×	×	
市场准入目标完成率	10		2.2	2.7	2.8	
TPM	2					
总分						

绩效承诺的责任评估结果将直接影响该干部的任用，如果评估结果与其此前承诺结果相差甚远，那么该干部可能会被就地免职。

任正非说："我们要辞退那些责任结果不好、业务素质也不高的干部；我们也不能选拔那些业务素质非常好，但责任结果不好的人担任管理干部。他们上台，有可能造成一种虚假繁荣，浪费公司的机会和资源，也带不出一支有战斗力的团队。"

对于不能完成责任书的干部，华为的处罚是严厉的。具体有下面几个方面。

（1）一把手降职、免职，同时，本部门的副职不能提拔为正职。这是为了避免出现正副职之间因争权等原因不配合工作的状况。

（2）冻结这个部门的全体成员下一年度的调薪，即使是在之后一年内调往其他部门的该部门员工也不得调薪。从后进部门调往先进部门的人，要适当地降职使用。

（3）已经降职的干部，一年之内不准提拔使用。为了杜绝干部任用中的裙带风气，对于已经降职的干部也不能跨部门提拔使用。

（4）一年后，对降职干部的工作进行全面、严格的考核。

华为绩效承诺制的推行在很大程度上激励了华为人，使华为创造了许多经典的营销案例和生产奇迹。

有一年，在非洲的一个施工现场，当地员工因为施工现场温度太高而拒绝施工，工人都走光了。面对空荡荡的施工现场，该项目的负责人脱下衣服，自己抱起钻机钻了起来，其他华为同事见领导都动手干了，也纷纷脱掉衣服开始工作。

这个主管为什么能在高温的环境下干工人都不愿意干的活？就是因为他明白自己肩负的责任是什么，他的绩效承诺书使这种意识得以明确、强化和具象！

绩效承诺制度让更多的干部主动地承担起责任，用实际行动挑战困难。以干部负责制约束绩效行为，激发了身为干部的员工的绩效潜能，提高了绩效水平，形成了一支优质的干部队伍；他们的行为又激励了下属员工的工作态度，带动了下属的工作积极性，从而让整个公司的绩效水平得以提升，增强了企业的竞争力。

任正非说："我们认为考核是考核不走优秀干部的。不坚持考核，是以公司结束为代价的。"严格的考核是华为建立高效干部队伍的制度保障。当然，由于这样那样的原因，考核也可能会让某些相对优秀的干部被免掉，但此时，那些受委屈的干部要有耐心，要努力做得更好，否则只会让自己处于更加不利的环境。每个人都要力争做得更好，用结果说话。

雏鹰计划：将“游击队”打造为“正规军”

创业阶段的华为同很多小企业一样，没有资金、没有技术，在大企业的夹缝中艰难地寻找自己的市场。创业之初，华为为一家生产用户交换机（PBX）的香港公司做销售代理。那时候，“活下去”是华为唯一的目标。

华为有一个口号叫“胜则举杯相庆，败则拼死相救”。当时的华为靠着共同的创业理念，以及全员持股、荣辱与共的管理方针将全体人员凝聚为一个整体。

任正非明白，做销售并不是长久的生存之道，企业要发展必须有自己的技术，能够研发自己的产品。从 1989 年开始，华为开始自主研究生产 PBX，研发人员废寝忘食地工作。1994 年 10 月，第一台 C&C08 万门交换机的研发成功标志着华为终于有了自己的产品，走上了创造自己品牌的发展道路。

这个时期的华为属于“游击队”形式，在市场上奋力拼抢，管理也比较粗放。

任正非在《一江春水向东流》一文中生动地写道：“在华为成立之初，我是听任各地‘游击队长’们自由发挥的。其实，我也领导不了他们。前十年几乎没有开过类似办公会的会议，总是飞到各地去，听取他们的汇报，他们说怎么办就怎么办，理解他们，支持他们……也许是我无能、傻，才如此放权，使各路‘诸侯’的聪明才智大发挥，成就了华为。我那时被称作甩手掌柜，不是我甩手，而是我真不知道如何管……到 1997 年后，公司内部的思想混乱，主义林立，各路‘诸侯’都显示出他们的实力，公司往何处去，我也不得要领。我请人民大学的教授们一起讨论一个‘基本法’，用于集合一下大家发散的思维，经过几上几下的讨论，不知不觉中‘春秋战国’就无声无息了……”

从 1995 年开始，华为就开始起草《华为基本法》，几易其稿，直到 1998 年 3 月 23 日审议通过后才正式执行。《华为基本法》的实施标志着华为“春秋战国时代”的结束，是华为从“游击队”走向“正规军”的关键一步。

在创业初期，一群志同道合的人走到一起，大家一起奋斗，一起分享成功与失败，大家都是好兄弟，谈管理、设制度似乎没有必要。随着企业越做越大，业务越来越广，员工越来越多，过去的粗放经营已经不适合新情况了。这时候，任正非提出了华为管理要“四化”：职业化、规范化、表格化、模板化。

管理规范化可以让管理工作更简单，什么该做、什么不该做、怎样做都一目了然，最大限度地避免人为因素的影响。

管理职业化是对专业素养的要求。任正非认为，只有推行职业化管理，才能最终形成人才良性循环的机制。

管理表格化的目的还是使管理规范化，将工作内容、工作流程等以表格方式呈现，严谨明了，可以提高工作效率。

管理模板化也称管理标准化，是指各种管理制度和考评制度公正、公开、透明，可以优化决策制定，规范工作执行，简化运行程序，提高工作效能。

“四化”将复杂工作简单化、管理工作职业化、枯燥规章图表化、烦琐方案模板化，是提升执行力、促成团队合力建设的有效方法和手段。

强化管理是把“游击队”改造成现代企业“正规军”的关键一步。建立制度机制，实行绩效管理，可以练就一支高素质、高战斗力的职业化团队。

雄鹰计划：“学而优则仕”，培训优秀员工的管理能力

实践是检验真理的标准，从实践中选拔任用干部，是华为的一贯做法。

华为实行干部任职资格管理制度，以绩效评价成绩为基础进行干部任职资格认证。干部考核表上不设“学历”一栏，而是填以往工作的有关评价。学历只代表过去，而能力是可以在实践中不断提升的。公司会向符合干部任职资格的员工发放相应的资格证书，取得资格证书是成为管理干部的前提。公司每年对华为的储备干部任职资格进行评审，分为优秀、达标、不达标三类。第一类干部人员的比例为30%，属于干部后备队，有机会到华为大学学习管理，经过培训获得优秀评价的人可能得到实践机会；排在后面的20%的属于后进干部，是优先裁员的对象，为了避免被裁掉，他们会努力提高自己，挤入中间地带；居于中间地带的达标干部占比最大，达到50%，但是在中游的人也无法保持静止的态势，他们也会力争进入上游的30%的队伍里。

华为的市场遍布全球170多个国家和地区，因此干部政策向一线倾斜、向海外艰

苦工作环境地区倾斜就很有必要。华为在招聘干部时，都要求填写自愿到海外最艰苦的地区服务。华为的干部任职标准涵盖了德、能、勤、绩各方面。华为的员工只有依靠努力奋斗和产生优良的贡献才可以得到任用。任职干部考核的是能力、工作态度、工作贡献、绩效结果，其他的诸如学历、工龄、职称、“内部公关”等，都不会为员工带来任何实际的报酬。

干部选拔、任用、升迁等由考评结果决定。华为不认同以实现员工个人价值为目的的自由文化，而是要求一切工作必须围绕绩效目标的实现，个人的工作目标要和企业总目标一致，以此作为考核依据。

最为残酷的应该是干部末位淘汰制，绩效评价排在末位的员工会被换岗、降职，甚至面临淘汰。这种制度为华为留下了一批批优秀的员工，形成源源不断的干部后备资源，建立了良性的新陈代谢机制。

在很多企业还在采用竞争上岗、民主推荐的干部录用方法时，华为已经在职位体系、任职资格体系、绩效考核体系、干部的选拔和培养原则、干部的选拔和任用程序、干部的考核等方面，形成了一个成熟而完善的干部管理体系。

华为对干部任职有明确要求，根据职位要求对员工进行任职资格标准认证。通过认证的干部需要通过360度考察体系的考核，然后进入任前公示阶段，公示期为半个月，在公示期内全体员工都可以提意见。干部任命之后还有一定期限的适应期，公司会为其配备导师。适应期结束后，导师和相关部门会对干部进行考核，考评结果合格的才会转正，成为该职位正式的负责人。

> 干部考核机制分为三个方面：一是责任结果导向、关键事件个人行为的评价考核机制；二是基于公司战略分层分级述职，即PBC（个人绩效承诺）承诺和末位淘汰的绩效管理机制；三是基于各级职位按任职资格标准认证的技术、业务专家晋升机制。绩效考核采用综合平衡计分卡的办法。
>
> 对于干部关键事件行为的评价，华为也有评定的依据，整个干部培养与选拔过程都有章可依、有法可循。干部工资实行基于岗位责任和贡献的报酬体系，“以岗定级、以级定薪、人岗匹配、易岗易薪”。

任正非强调，任何员工，无论新老都需奋斗。从高层管理岗位的管理者，到每个基站、每条生产线的普通员工，改变自己命运的方法只有两个：一是努力奋斗，二是要作出良好的贡献。这是任正非在最新修订的《致新员工书》中所说的话，这也是华为选拔优秀员工、培养管理人才的核心思想。

苍鹰计划：善待老员工，切不可卸磨杀驴

企业经营多年后，很多老员工年龄越来越大，知识储备会不会得不到及时更新？他们对新信息、新技术的接受会不会变慢，影响企业未来的竞争力？这是很多管理者担忧的问题。而老员工由于工作年限长，往往又占据着企业重要的岗位，薪水、奖金丰厚，相对来讲，年轻、想上进的新员工就会缺少机会。只有解决了老员工能者上、庸者下的问题，才能保证企业继续健康发展。为了解决这个问题，华为认真推行了绩效评价体系。

为了激活员工队伍，让年轻员工看到希望，针对员工新老交替问题，华为进行了几次人事变革。

第一次是发生在1996年的“市场部大辞职”。以公司当时分管市场的副总裁孙亚芳为首，市场部所有正职干部都要提交工作述职和辞职报告。接下来是竞聘上岗答辩，市场部干部全部重新洗牌，根据公司的实际需求以及员工的个人表现、发展潜力重新任命。

第二次是发生在2007年的“辞职门”事件。包括任正非在内所有工作满8年的员工都要办理辞职手续，再重新竞争上岗，签订新的劳动合同。之后，华为废除了象征着资历的“工号制度”，所有工号重新排序。

集体辞职，大家同时回到起跑线上，实行统一的绩效评价标准；竞争上岗，以能力和贡献决定一个人在公司的位置。这种方式看起来偏激，但是一个企业的发展就是在不断地得失取舍之间实现新的公平。如同一条河道，哪里淤堵了，就要清除哪里；哪里狭窄了，就要开辟哪里。作为企业的管理者，要对全体员工负责，而不是对哪个人或者哪一部分人负责，要以实现企业整体绩效目标为最终目的，企业发展了，员工的利益就有保证了。

任正非说：“任何一个民族、任何一个组织，只要没有新陈代谢，生命就会停止。如果我们顾全每位功臣的历史，那么就会葬送公司的前途。如果没有市场部集体大辞职所带来的对华为公司文化的影响，任何先进的管理、先进的体系在华为都无法生根。”企业要实现可持续发展，必须注入新鲜的血液，保持鲜活的人才运行机制。

绩效评价开启了华为干部能上能下的管理模式，使企业在发展转型时期顺利实现了员工的新老交替。新员工看到了发展机会，激发了工作热情，更好地为实现个人绩效、企业绩效而奋斗。那么，那些被裁掉的老员工是不是就不管了呢？

华为对待老员工的态度是：要使他们得到妥善安置，切不可卸磨杀驴。因为他们曾经为企业创造了价值，正是因为他们以前的付出，才铸就了华为今日的辉煌。华为在创建之初就定下了全员持股政策，实施利益分享。年纪大的员工，不管是退休还是离职，都能因为持有华为的股份而享受分红。老有所养，离有所得，这就是华为的“苍鹰计划”。

任正非说：“我创建公司时设计了员工持股制度，通过利益分享，团结起员工。那时我还不懂期权制度，更不知道西方在这方面很发达，有多种形式的激励机制，仅凭自己过去的人生挫折，感悟到企业应该与员工分担责任、分享利益。创立之初我与我父亲商量过这种做法，结果得到他的大力支持，他在20世纪30年代学过经济学。这种无意中插的花，竟然在今天开得如此鲜艳，成就了华为的大事业。”

华为坚持不上市，三十多年来秉承利益共享的原则，每年公司的净利润都分配给股东，股东可以享受分红和股票增值带来的收益。华为一个资深主管的股利收入就要比很多公司的高级经理人年收入还高。以2010年为例，华为净利润为238亿元人民币，配出了每股高达2.98元的股息。一个工龄10年、绩效优良的主管配股可以达到40万股，其股利收入就高达120万元人民币。

员工在华为工作2～3年，就具备了配股分红的资格。随着年资和绩效增长，持股份额会不断增加，分红的收入甚至会超过工资。这种福利即使在欧美国家的一些大企业也是不多见的。华为正是通过全员持股的政策，保障了老员工的利益。

华为还通过多种途径妥善安置老员工。例如，发生在2000年的内部创业，就是公司为了解决老员工出路问题所做的努力。所谓内部创业，就是鼓励老员工出去创办企业，自己当老板，公司会给予一定的资金、技术上的支持。这样一方面可以给老员工提供更好的出路，另一方面消除了公司的“沉淀层”，而且这些员工创办的企业可以和华为形成良好的合作关系。这个方法起到了一定的效果。

灰度管理

华为有完善的绩效评价体系，有严格的绩效管理制度。那么，在企业管理中是否就只有冷冰冰的制度，没有丝毫的弹性空间了吗？任正非在长期的管理实践中认识到了人性的复杂，所以他提倡在华为实行灰度管理，在开放与进取的同时，也要求华为管理干部学习妥协的艺术，即灰度管理（如图 8-1 所示）。

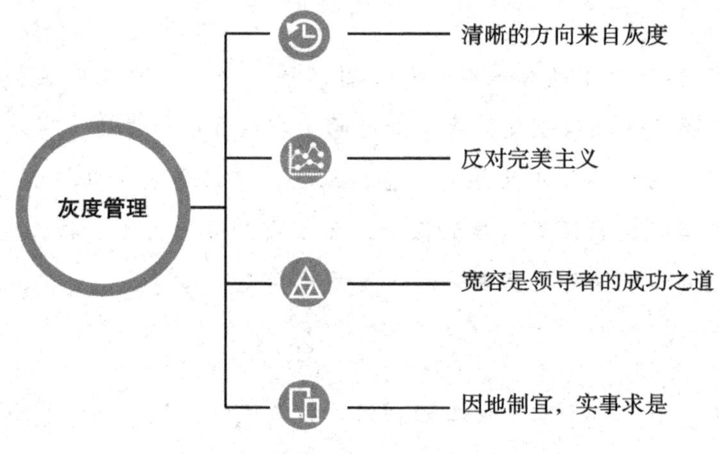

图 8-1　华为的灰度管理

1. 清晰的方向来自灰度

什么是灰度？灰色是介于黑色和白色之间的颜色。非黑即白、非此即彼的认定方式说起来简单，做起来难。因为不管是企业的发展还是其他方面，方向是随时间与空间而变的，常常会变得不清晰。掌握一个合适的度，使各种影响发展的要素在一段时间内达到和谐，这个度就是灰度，这个过程是妥协的过程，也就是灰度管理。

华为的管理方式早期呈现军事化作风，但其实任正非的管理思想恰恰是灰度管理。华为在管理改进中坚持遵循“七反对”的原则：坚决反对完美主义，坚决反对烦琐哲学，坚决反对盲目的创新，坚决反对没有全局效益提升的局部优化，坚决反对没有全局观的干部主导变革，坚决反对没有业务实践经验的人参加变革，坚决反对没有充分论证的流程。

任正非认为，清晰的方向是在混沌中产生的。具体到绩效管理，清晰的方向就是企业的总体绩效目标，而达到目标的路径可以是变化的、有选择的。

2. 反对完美主义

在企业管理的过程中，要避免完美主义，这是为了避免被大量的、琐碎的细节蒙住眼睛，看不见前进的方向，陷在堆积如山的事务中，像乱麻缠身般难以到达目标。

华为顾问田涛先生认为，追求完美是商人之大忌，容易导向教条主义和“一元论”。卓越的商人无不是修修补补的实用主义者，所以任正非反对完美主义，主张自我批判和“小步逼近的改良”。

任正非反复强调，华为的管理必须持续地改良，缩短与同行业企业的差距。否则，客户就会抛弃华为。

华为曾开展过一场关于组织结构及人力资源机制的改革。改革的宗旨是从过去的集权管理过渡到分权制衡管理，让一线拥有更多的决策权，从一线选拔高管，以便于在情况变化时能即时决策。在任正非看来，那些脱离一线太久的管理层会失去对现场的敏锐判断，应该“让听得见炮声的人来决策”。

华为的这次变革，正是因为意识到了与同行业先进企业的管理差距而实行的。正如任正非所说，华为一直是在不断改良中前进的。

3. 宽容是领导者的成功之道

领导和各级主管对员工一定要有一颗宽容的心，只有宽容，才能团结大多数人，减少前行路上的对抗。软弱不是宽容，妥协不是宽容，华为的宽容是建立在企业经营管理之上的智慧。

《下一个倒下的会不会是华为》一书中写道：华为是一支中高级知识分子为主体的商业大军，任正非和高中层管理者如果每天总是用放大镜检视他们，任正非会神经崩溃，这些被时刻检视的“秀才”们恐怕也早作鸟兽散了。灰度管理、宽容之道，正是任正非率能够游刃有余地率领庞大的华为铁军的管理智慧。

在军事演习中，“蓝军”是作为“红军”的假想敌出现的，他们通过模仿正规作战部队的作战方式，让“红军”（代表正面部队）进行有针对性的军事演习。任正非借用了“红军”“蓝军”的概念，提倡在华为内部培植与自己唱反调的“蓝军”，再从“蓝军”中选拔优秀的人才作为“红军”的将领。

2018 年 3 月 20 日，华为在心声论坛发布了《华为公司人力资源管理纲要 2.0 总纲（公开讨论稿）》，公开征求意见。华为员工在回复中进行了深刻且激烈的讨论，其中有不少意见是直接针对任正非和华为最高领导层的，这些意见十分接地气但也十分尖锐。华为“蓝军部长”潘少钦把员工的发言进行了总结和整理，并于 4 月 8 日将其发布在心声论坛，这就是华为内部人尽皆知的“十宗罪”，而帖子的签发人就是任正非本人。

任正非说：“允许异见就是战略储备。”“我们在华为内部要创造一种保护机制，一定要让‘蓝军’有地位。‘蓝军’可能胡说八道，敢想敢说敢干，博弈之后要给他们一些宽容，你怎么知道他们不能走出一条路来呢？”华为“蓝军”的存在体现了管理者的宽容，也体现了绩效管理中注重结果的一面。任正非曾经说过：“茶壶里煮饺子，倒不出来就不算饺子。”能力要靠工作绩效来体现，绩效考核的是最终结果，而如何包饺子、用什么煮饺子都是可以“妥协”的。

4. 因地制宜，实事求是

30 多年来，华为形成了自己独特的企业文化和管理理念。华为也借鉴了很多西方的管理模式，但绝不是机械地照搬西方理论。西方企业在中国成功的案例也不是很多，为什么？简单地说就是“水土不服”。任何制度都要注意因地、因时制宜，遵循实事求是的原则。

华为引进集中度较高的 IBM 的矩阵管理模式后，先后两次请美世公司进行整合。第一次美世制定的全面学习 IBM 的集中式方案，华为并没有采用。因为实行“集中模式”对高层管理者的要求很高，任正非担心华为的管理者们达不到要求。再一次请美世回来，是做组织结构调整，把公司以前按部门设立的直线组织结构转变成流程性组织结构，其次是建立一个与国际接轨的营销体系，以适应国际市场需求。这一次的应用很有成效。一切改变围绕着价值标准旋转，最终目的只有一个：创造价值，提高价值。面对的外部环境变了，内部管理也要相应精细化、制度化、流程化。

任正非说："我们要清醒地认识到，面对未来的风险，我们只能用规则的确定来应对结果的不确定。只有这样我们才能随心所欲不逾矩，才能在发展中获得自由。任何事物都有对立统一的两面，管理上的灰色是我们的生命之树。我们要深刻理解开放、妥协、灰度。"

第九章
绩效考核：高绩效来自严考核

考核不是目的，它只是达成企业目标的一种有效手段；考核也不是为了成就个人英雄，而是要建设高效的、有战斗力的团队。华为采用科学的绩效考评体系、完善的绩效考核方法、注重过程的绩效管理方式，打造了一支无坚不摧的铁军。

绩效考核，打造无坚不摧的团队

如何使员工保持劳动和创造的积极主动性，使团队能够持续稳定地创造良好的业绩呢？

实行绩效考核，首先就要构建一个良好的绩效考评体系。在一个企业里，没有相应的考核体系，没有优胜劣汰，所有员工都放任自流，最终只会造成生产力低下甚至停滞。而严法厉行、高压管制，或者只赏不罚，都是治标不治本，很难取得良好的效果。

因此，企业必须要有一套契合自身实际的绩效管理制度，建立严密、合理的考评体系，使考核有章可循、有据可依。

在华为，重视用过程思维解构绩效体系，以结果为导向，将企业管理的过程融入绩效考核中。对中层以上员工实行BSC结合KPI指标、EVA指标考核，这就实现了考核的全覆盖，避免了单一指标考核的短板（如图9-1所示）。

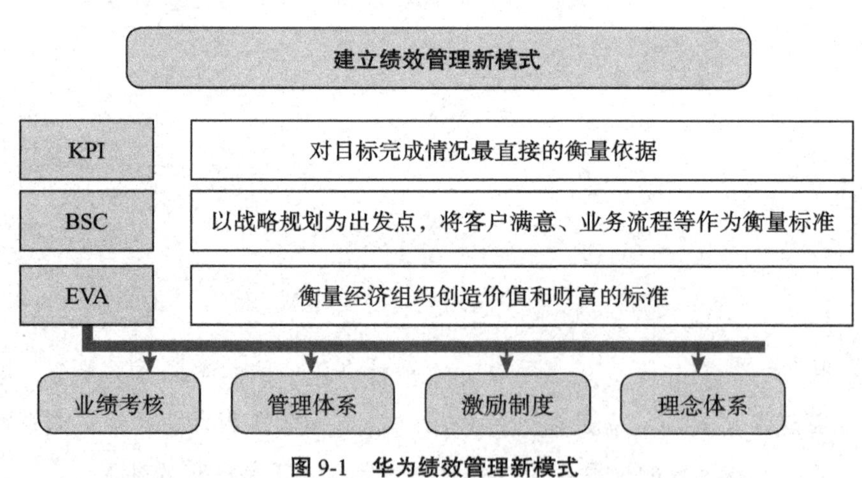

图 9-1 华为绩效管理新模式

绩效考评结果与薪酬待遇挂钩，改变了原来依据学历、工龄等发工资的做法。华为依据“事”——工作来发工资，让每一个员工的“事”和自身的利益直接关联，促使他们努力把工作做得更好。

绩效考核应该呈现这样的效果：多劳多得、少劳少得、不劳者不得，拉开积极工作者和消极工作者之间的收入差距，积极工作的人在收入、荣誉、升职机会等方面均远胜于不积极工作的人；而喜欢偷懒或者能力不足的人，其收入、荣誉、升职机会就远少于积极工作或者能力出众的人。

升职涨薪不仅能给员工带来物质上的满足，还是一种精神上的鼓励，是企业对员工个人能力和付出的肯定。因此，绩效管理从某种程度上说就是利益管理，它遵循的是“丛林法则”，付出就能得到，付出的多，得到的就多；付出的少，得到的就少。

《华为基本法》规定，建立客观、公正的价值评价体系是华为人力资源管理的长期任务。不公正的考核结果不但不能收到效果，还会影响员工的工作积极性。在一个团队里，负能量是会传染的。例如，消极怠惰心理、攀比妒忌心理都会影响绩效目标的达成。

小李经常加班工作，每次都能保质保量完成任务，年终绩效考核得到了A，他当然非常高兴。但是后来他发现小王的考核结果也是A。而小王经常在上班时间打游戏，工作一点也不积极。这样小李的成就感马上就消失了，他感到不公平，并产生了攀比心理，以后的工作也不积极努力了。

个人绩效的好坏可以对一个团队产生很大影响。绩效考核的过程、结果都要公平，才能起到应有的奖优罚劣的作用。当然，绩效考评的最终结果不是要打造个人英雄，而是要建立起一支有战斗力的、无坚不摧的团队，实现企业的整体目标。让优秀者获得好的回报，正是为了让优秀者起到示范、引领的作用，使团队的素质、战斗力越来越强。一个能够起到表率和引领作用的团队，才是企业真正需要的团队。

在一个团队里，既需要优秀的引领者，也需要互相学习的风气。先进的工作方法、工作方式的推广，可以带动整个团队更好地完成绩效目标。因此，华为不仅设立优秀的个人荣誉奖，还有团队荣誉奖。相应地，对于绩效差的团队也会有惩罚措施。

一个学习型的、能够不断提高整体绩效水平的团队，才是最具竞争力的团队。这就是建设绩效管理机制的好处，它能激发员工不断提高自己的工作质量和工作效率。每一个员工的工作质量和工作效率提高了，团队的工作质量和工作效率自然也就提高了。

传统绩效考核的十大误区

绩效考核体系是现代人力资源管理的一个重要组成部分。科学地进行绩效考核可以激发员工的主观能动性，促进企业的健康发展。

然而，若操作不当常常会使考核流于形式，起不到应有的激励作用。在传统绩效考核过程中存在着诸多误区，主要表现为以下十点。

1. 人情因素影响绩效考核的公平

有的企业在年终考评时，考评结果都为良好，各等级之间拉不开差距，这就是求同心理在作怪。还有的人不是根据客观实际来考核，而是根据与考评对象关系的好坏给出考评结果。

2. 职位分析不完善、不科学

在企业绩效考评体系中，岗位分析是前提。每个岗位的岗位职责、工作内容、工作强度、技术含量等都是影响绩效的因素，也是确定员工岗位职责、制定岗位工资的依据。我国有些企业的职位分析通常不客观、不科学，职责范围模糊，导致考评结果常常出现不公平的情况。因此，对不同工作性质和工作难度的岗位，需要有不同的考核标准。

3. 考评结果由最高领导人审定

将考评结果最终裁决权集中于高层管理者，容易出现矛盾上交的现象，企业领导者要承担来自员工不满情绪造成的巨大压力。

很多企业的部门主管和直接领导有参与考评的权力，而上一级管理者又对下一级管理者加以考评，各级管理者由于所持立场不同，对同一个问题可能就会产生意见分歧。遇到难题，或者考评者有不同意见，往往由更高层级的管理者拍板。这样就会使考评结果出现偏差，员工的主管上级也会因自己没有实权而产生挫败感，丧失责任心和进取心。

另外，这种由最高领导人来审定考评结果的机制也会造成权力的高度集中，挫伤基层组织、部门领导的积极性和权威性，使基层组织的作用被削弱。

4. 考核标准单一，综合化、简单化

现代企业要求职责细化、绩效目标细化，这样才能照顾到整体差异和目标差异，增加考评结果的准确性、客观性，减少人为因素的干扰。采用单一的考核标准，看起来非常省事，实际上忽略了差异的存在。标准越模糊，执行偏差就越大。

例如，一个部门内评优秀员工，今年选你，明年选他，人人有份，按资排辈搞下去，成了轮流坐庄，这样就失去了评选的实际意义。

5. 把考察混同于考评

考察有观察、调查的意思，例如，干部任免前的考察、个人入党前的考察等。考察结果表现为考察报告。

而考评则是企业根据一定的标准、指标，对员工工作成绩的评价或评定，它可以反映员工在日常工作中体现出来的工作能力、工作态度和工作成绩。以事实为依据的考评具有标准性、定量性和稳定性的特点。

6. 把绩效管理等同于绩效考核

绩效管理是一个能动的过程，它是指组织为了达到绩效目标，通过持续开放的沟通过程，使员工明确未来的工作，指导并监督其完成任务。绩效考核只是绩效管理的一个环节，绩效管理还包括绩效计划、绩效控制和绩效反馈。

虽然绩效考核是绩效管理中最关键的环节，但它绝不等同于绩效管理。一个完整的绩效管理过程应该是连接企业战略目标与员工个人目标、层层落实组织绩效、持续改善个人和组织绩效水平的过程。

7. 暗箱操作，缺乏反馈

有的企业在员工考核方面主观性较强，考评结果由直接主管暗箱操作，考核者和被考核者缺乏必要的沟通，彼此失去了信任，考核结果就会有失公平。还有的企业考核资料不公开，相关人员填写完毕就交由人事部门存档，员工不了解考评结果，当然也就无从改进绩效。这样的绩效考核起不到改进绩效、提高员工工作能力的效果。

8. 追求考核完美，产生反作用力

与流于形式、简单应付了事的绩效考核相比，过于追求完美的考核也是一个误区，会在绩效管理中起到消极作用。

例如，把绩效考评表格制定得过于烦琐复杂，看起来非常规范完整，其实有的条款并不实用。还有的人力部门追求所有员工对绩效考核的满意度等。

事实上，企业绩效考核的过程也是一个逐步完善的过程，是企业员工和各级管理者不断磨合的过程。客观环境是千变万化的，考核方法、考核指标都会随着时间和客观环境的变化而发生一定的调整。人的主观因素也不可能完全剔除。再严密的考核体系、再精细的考核标准，也难免有不完善的地方。

生产需要成本，考核同样需要成本，追求完美会导致主次颠倒，投入产出不成比例。世界上本不存在十全十美的东西，过分求全求美，不但徒劳无益，还会对考核形成反作用力。

9. 缺乏与员工的沟通

对员工考核的过程应该始终都有员工的参与。制定考评标准时，要结合员工的意见，这样才能使员工有认同感。及时就考评结果与员工沟通，才能发现导致员工高绩效水平或低绩效水平的问题、原因，才能进一步辅导员工、修正绩效标准。与员工的沟通和交流本身也是对员工的一种肯定，也属于一种激励方式，可以增强员工的主人翁感。

10. 只关注个人绩效的考核

随着社会分工的发展，工作内容越来越复杂。企业要想发展，必须协同作战，依靠团队的力量。只关注个人绩效的考核，会使员工拘泥于本岗位职责，合作意识、团队精神淡漠，进而影响企业整体目标的实现。

传统的绩效考核以人事管理为中心，不可避免地存在着上述误区。现代人力资源管理从绩效考核走向绩效管理，可以有效地帮助企业实现战略目标和经营计划。

用过程思维架构绩效体系

华为的绩效管理以实现企业价值增长为目的，由个人绩效和部门绩效两种形式组

成，它将绩效考核看成一个企业管理过程，以目标为导向架构绩效管理体系。

1. 华为的绩效管理领域

华为的绩效管理由四个领域构成：业务领域、绩效领域、职业领域和生活领域。它们各自的具体内涵如下。

（1）业务领域

①确保每一个员工都有工作任务，分析员工能力，确保员工达到工作要求。

②阐明任务，让员工理解，确保员工按要求的标准执行。

③保证员工在既定时间内完成任务。

④确保员工不断熟练地执行任务，检查员工的工作过程，并给予指导。

（2）绩效领域

①保证当前的绩效令人满意，明确规定期望员工达到的绩效水平。

②分析绩效下降的原因，诊断导致员工绩效出现问题的原因。

③提供更高的目标，激发员工不断提高技能和水平，使员工不断学习。

④为员工的学习创造更多机会，使员工获得更大的提升。

（3）职业领域

①挖掘员工个人职业发展潜力，了解员工内在的需求和动机。

②帮助员工作出最恰当的职业选择，评价其职业发展愿望与自身能力是否相称。

③支持员工实现职业生涯预期的目的，为生涯发展确定最佳途径。

（4）生活领域

①协调员工与组织的利益，倾听和了解员工的需求。

②帮助员工达到预期生活目标，让员工思考他们所面临的问题。

③表明自己对员工的支持，帮助员工找出处理问题的最佳方式。

绩效管理要实现的两个目标，即“双效”目标很重要。一是效率，用最小化的资本或成本，创造最高、最大的收益；二是效果，追求效果的最大化，即收获的最大化。

可见，华为的绩效观念并不仅仅局限于绩效考核，而是将整个企业管理融入绩效管理中，在此种观念的影响下，它所架构出的绩效体系更具实用性。

2. 华为的绩效管理架构

KPI 意指关键业绩指标。它是一个数据化的指标，要求必须是可以衡量的。这是一种目标式的量化管理指标，它把企业的战略目标分解为可运作的目标，是企业实行绩效管理的基础。华为绩效管理体系架构如图 9-2 所示。

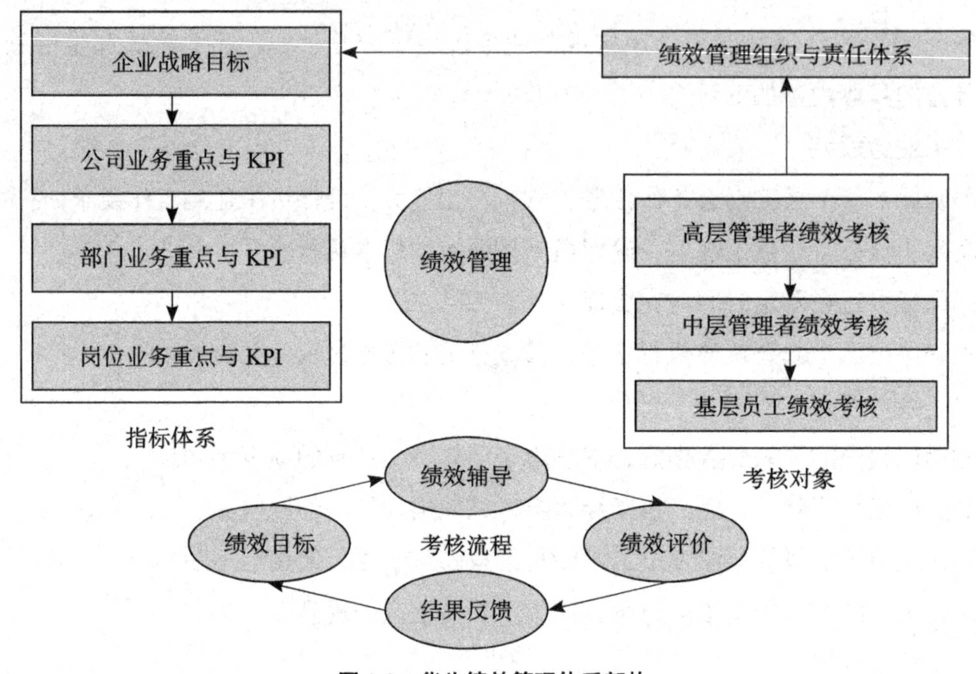

图 9-2　华为绩效管理体系架构

下面就每一层次的内容进行详细解析。

（1）华为的绩效管理流程

华为的绩效管理流程如下：绩效目标—绩效辅导—绩效评价—结果反馈——绩效目标，这是一个闭环。

（2）华为的绩效管理组织

①企业战略目标。

②公司业务重点与 KPI。

③部门业务重点与 KPI。

④岗位业务重点与 KPI。

（3）华为的绩效责任体系

①高层管理者绩效考核。

②中层管理者绩效考核。

③基层员工绩效考核。

（4）华为绩效体系的构成

华为的绩效体系由三个部分组成：KPI 设计、绩效考核以及绩效应用。这三个部分通过绩效管理组织和绩效责任体系来实现。与众多企业的 KPI 一样，华为的 KPI 也是通过目标分解转换为绩效目标。它们的具体分解内容如下。

①确立企业战略目标。

企业的战略目标是指在经营过程中所要达到的管理绩效目标，包括在行业中的领先地位、总规模、竞争能力、市场占有率、收入和盈利增长率、投资回报率，以及企业形象等。

没有稳固的战略，关键绩效领域和关键绩效指标也就无法真正落实。因此，明确的战略目标是有效实施企业绩效的基本前提。

②确立业务重点。

确定关键绩效需要先确定业务重点，只有如此，关键绩效指标才能发挥其应有的作用。业务重点具体包括战略目标、市场竞争力、改善管理。

③确定 KPI。

KPI（关键绩效指标）是衡量企业战略实施的关键指标。它是将企业战略化为具体可执行的活动，建立持续增强企业核心竞争力和取得高效益的机制。

KPI 设计有三种方法：标杆基准法、内部导向设计法、综合平衡计分卡。

通过对比企业自身和同行业企业的相同关键绩效行为，发现差距、找出原因，继而设计本企业的关键绩效行为。

a. 标杆基准法。

标杆基准法是指企业将最强的竞争企业或那些在行业中领先的、最有名望的企业的关键业绩行为作为基准，分析这些基准企业取得高绩效的原因，在此基础上，建立自身企业的关键业绩标准及绩效改进的最优策略。

例如，某通信企业要建立 KPI 考核指标体系，它首先应该分析自己管理中存在的问题，如技术创新、营销管理、成本管理等方面的问题；然后，以本行业优秀企业为标杆，如中兴、朗讯、思科等，分析它们成功的因素；最后，企业通过对比分析，找出本公司与所在行业标杆企业的差距（如图 9-3 所示）。

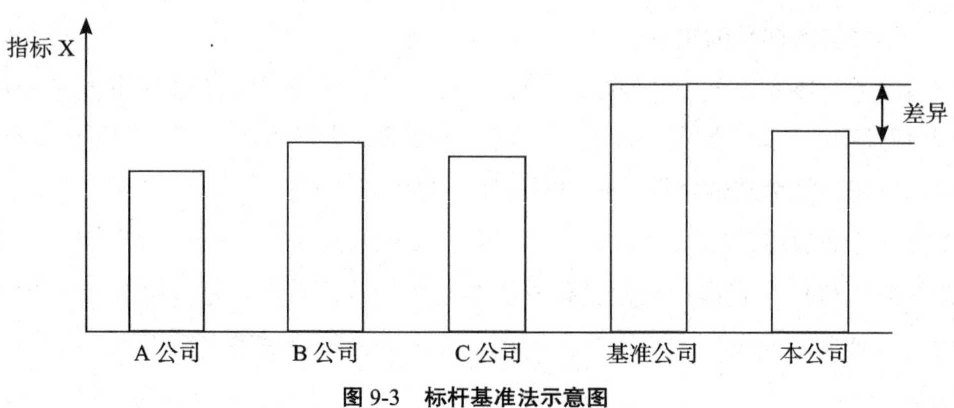

图 9-3　标杆基准法示意图

标杆基准法的优点是能帮助企业明确目标、认清差距，更好地确定重点业务。当然，由于各企业所处发展阶段、自身状况不同，不可盲目模仿标杆企业的做法。

b. 内部导向设计法。

内部导向设计法是基于企业战略的关键指标设计法。企业基于自身优劣势、愿景等实际情况建立指标体系，它支撑着企业组织愿景、价值观的实现，促进企业核心竞争力的提升和企业运营流程的优化。具体实现措施包括因素分析法和生产流程分析法。

因素分析法是利用统计指数体系分析现象总变动中各个因素影响程度的一种统计分析方法，即运用数学方法对可观测的事物在发展中所表现出的外部特征和联系进行由表及里、由此及彼、去粗取精、去伪存真的处理，从而得出对客观事物普遍本质的概括。使用因素分析法可以使复杂的研究课题简单化，并保持其基本的信息量。生产流程分析法是对企业整个生产经营过程进行全面分析，逐项分析各个环节可能遭遇的风险，找出各种潜在的风险因素。

c. 综合平衡计分卡。

综合平衡计分卡是最常用、最全面的绩效管理工具。华为的 KPI 考核指标就是基于综合平衡计分卡建立起来的，我们在后文中会作详细介绍。

可以说，综合平衡计分卡绩效管理旨在均衡企业的可持续发展，具体体现在以下几个方面。

第一，财务与客户间的平衡。财务——收入、利润；客户——客户满意度。

第二，结果和关键过程之间的平衡。结果——利润、市场占有率；过程——新产品开发投资、员工培训。

第三，内部与外部之间的平衡。外部——客户与股东；内部——流程和员工。

第四，短期目标与长期目标之间的平衡。短期——利润；长期——客户满意度、员工培训成本和培训次数。

④ KPI 层层分解落实，建立 KPI 指标体系。

企业将所得到的 KPI 指标层层分解，落实到部门和个人头上。

最终的单项 KPI 指标要以固定的、统一的形式反映出来。绩效指标设计描述应该清楚明白，这是对绩效指标设计的基本要求，这样设计出来的指标也有利于员工执行。

中高层述职 + KPI 考核

华为中高层员工的述职方式、述职模型以及述职内容分别是什么呢？

1. 述职方式

华为的述职方式是逐级向上的，且多为中期述职。通常公司总裁向董事会述职；各委员会主要负责人、部门正职向总裁述职；各大部门副职向各委员会述职；二级部门主要负责人向大部门正职述职。由此，形成了一个层层负责的述职机制。通常每季度的第一个月中旬进行述职，这有利于公司绩效考核、定期审视和评估当下绩效，进而积极作出改善。

2. 述职模型

华为的公司战略旨在实现长短期目标之间、财务目标与非财务目标之间、结果与过程之间的平衡。它将公司战略分解为四个方面，依次是客户、财务、内部流程、学习与成长，并且依据这四个方面的内容制作综合平衡计分卡，具体如表 9-1 所示。

表 9-1　华为综合平衡计分卡

	考核内容	测量指标
企业战略与愿景规划	客户	客户满意度 内部客户满意度
	财务	KPI 完成情况 竞争对手比较 成绩和不足

（续表）

企业战略与愿景规划	内部流程	部门业务策略 核心竞争力提升措施 部门重点工作 项目实施
	学习与成长	职业化及技能提升 组织氛围营造

3. 述职内容

述职人员陈述述职年度的业务规划、预算指标和 KPI 指标的实际完成情况，同时与年初制定的年度业务规划、预算指标和 KPI 指标进行对比，就完成程度进行分析，找出差距和原因；另外，还要预测下一年度的各项任务、指标，并且提交具体的实施方案以及需要的资源；最后，作出承诺。

华为中高层管理者的述职内容具体包括以下 8 个方面。

（1）目标完成情况

针对本期业务完成情况，按照最主要、主要、次要的顺序列出自己各项指标的不足和成绩，并且要分析导致这种结果的原因。

（2）外部环境分析

比较客户、竞争对手与自己的地位、差异、潜力和策略，尤其要关注相关的变化、动向，评估风险与机会；关注影响公司、部门 KPI 指标的环境因素、市场因素，以及业界最佳基准。这些都需要准确的数据来说明。

（3）KPI 实现程度

报告近几期 KPI 完成情况、述职年度的 KPI 完成情况，分析目标与结果之间的差距，并且找出原因。

（4）提升核心竞争力的措施

即提出完成 KPI 指标和提升管理潜力的措施，并对即将采取的措施进行计划，预测其实施效果。

（5）客户满意度分析

分析外部客户与内部客户的满意度，这里要有准确的数据，并分析满意与否的原因，制定相关措施。

（6）学习与成长

检查公司重大管理项目在本部门的推进计划和阶段目标的完成情况，提出和检查提高员工技能的计划、具体措施和效果，报告和分析组织氛围指数。

（7）预算与 KPI 承诺

根据公司战略目标，以及往期计划、指标的完成情况，结合公司面临的国内、国际形势，针对下一期 KPI 指标提出有挑战性的目标，并且作出承诺。

（8）反馈意见

将目标实施过程中需要的人、财、物以及技术等各种资源列示出来，以便公司及时协调。

中基层员工 KPI 考核

华为中基层员工工作的 KPI 考核分为本部门工作和跨部门团队工作考核，不单独划分。考核立足于员工的现实工作，强调员工的工作表现与工作要求相一致，不完全局限于员工在本部门的工作评价。此外，华为绩效考核还融入了部门日常管理工作。

（1）中基层员工 KPI 考核原则

①责任结果导向原则：完成目标的过程中以最终结果为导向，努力采取高效措施，提高自己的执行能力。

②目标承诺原则：在充分沟通的基础上确立绩效目标，员工就实现目标作出承诺。

③考评结合原则：员工的直接管理者是考核者，各职能部门是考核评价者，考核与评价结合，综合考核与评价意见，以此作为考核依据，得出考核结果。

④客观性原则：考核以日常管理中的观察、记录为基础，用数据和事实说话，杜绝主观臆断。

（2）部门负责人考核内容

①部门量化指标：可以量化的关键业绩指标。

②部门非量化指标：不能量化，但对公司和部门业绩有重要影响的指标。

③追加目标和任务考核：主要是对工作中追加的目标和任务的考核。

④工作行为与态度考核。

⑤管理行为考核。

⑥不良事故考核。

（3）其他管理职能职位考核内容

①指标性目标：可以定量衡量的考核目标。

②重点工作目标：不能量化，但是对完成工作非常重要的工作目标。

③追加目标和任务考核：主要是对工作中追加的目标和任务的考核。

④工作行为与态度的考核。

⑤管理行为考核。

⑥不良事故考核。

（4）非管理职能职位的考核内容

①指标性目标：可以定量衡量的考核目标。

②重点工作目标：不能量化，但是对完成工作非常重要的工作目标。

③追加目标和任务的考核：主要是对工作中追加的目标和任务的考核。

④工作行为与态度的考核。

⑤不良事故的考核。

（5）考核注意事项

对中基层员工进行考核时，要注意过程记录、绩效辅导和及时反馈。如实记录下属工作状况，将存在的问题或者完成较好的地方记录在“行为指导记录”中，为考评提供基础依据。考核结束后，要就考评结果与员工面谈，分析员工绩效目标完成得好的地方和不足的地方，找出原因，总结绩效改进措施，并确定下一个考核周期的工作目标。

被考核员工对考核结果不满意的，有权向上级主管或人力资源部门投诉。

华为《绩效管理与绩效考核制度》第二章第十条规定：任何员工对自己的考核结果不满，均可以在一周内向上一级主管投诉，也可以直接向人力资源部投诉。接到投诉的主管或人力资源部，在接到投诉后一周内，组织有关人员对投诉者进行再次评估。如果投诉者对再次评估仍不满意，可以进入劳动争议处理程序。

平衡计分卡

平衡计分卡的内容包括财务、客户、内部流程、学习与成长四个方面，它是加强企业战略执行力的最有效的战略管理工具之一。

平衡计分卡是Balanced Score Card的缩写，简称“BSC”。平衡计分卡是在1992年由哈佛大学的罗伯特·卡普兰和戴维·诺顿首次提出的，旨在解决传统绩效考核中偏重财务指标的问题。在实际运用后，人们发现将平衡计分卡与企业的营运策略结合，可以在绩效衡量方面发挥更好的作用。

华为的平衡计分卡注重了在以下几个方面的平衡。

（1）企业财务指标和非财务指标的平衡

企业考核中财务指标是硬指标，如经营收入是多少、利润率是多少等。对于一般企业来讲，它们对客户方面、组织方面、培训方面等非财务指标的考核往往重视不足，即使列入考核也缺乏定量的标准，无法有效地进行衡量。平衡计分卡很好地做到了财务指标和非财务指标的兼顾。

（2）企业的长期目标和短期目标的平衡

平衡计分卡是一套战略执行的管理系统，我们可以把平衡计分卡的实施过程看作将企业短期业务目标与长期战略目标相统一的过程。

（3）结果性指标与动因性指标之间的平衡

例如，利润率这样的财务指标就属于结果性指标，动因性指标是对实现结果的过程的控制。平衡计分卡旨在寻求动因性指标与结果性指标之间的平衡。

（4）企业组织内部群体与外部群体的平衡

员工和内部业务部门是内部群体，股东和客户为外部群体。在平衡这些群体间利益时，平衡计分卡可以发挥其作用。

（5）领先指标与滞后指标之间的平衡

财务、客户、内部流程、学习与成长这四个指标中，财务属于滞后指标，它只能反映已经发生的事实，给企业以经验性的指导。而其他三项指标可以告诉企业如何改善现有的和即将发生的事务，属于领先指标。平衡计分卡实现了领先指标与滞后指标之间的平衡。

一份结构严谨的平衡计分卡应当包含这四个方面的内容，指标之间互相联系，又与总的战略目标密切相关。平衡计分卡建立起了一个框架，把企业经营战略目标分解为子目标，子目标分解为各个部门的目标，之后继续细分，直至最终形成可以指导个人行动的绩效指标，变为可操作的内容。

华为公司在构造公司的平衡计分卡时采取了一种循序渐进的方式，具体分为三个步骤。

第一步，设定财务目标。财务目标的设定以与战略计划相关的财务措施为基础，确定为实现财务目标而应当采取的行动。

第二步，以“如果我们打算完成我们的财务目标，我们的客户怎样看待我们”这样的想法面对客户和消费者。

第三步，明确向客户和消费者转移价值所必需的内部过程，公司管理层必须反复思考，企业是否具备创新精神？是否选择了合适的方式？经过上述过程，公司要确保各方利益达到平衡，所有的参数和行动都要朝同一个方向变化。

EVA 考评

EVA 是英文 Economic Value Added 的缩写，翻译过来就是经济增加值。EVA 的值等于税后净营运利润减去投入资本后的所得值，它是从财务角度出发的一种衡量标准。EVA 指标注重资本费用，体现了企业在某个时期的真正盈利能力，成了股东所定义的利润。

假设股东希望得到 10%的投资回报率，那么只有当税后营运利润超出 10%的资本金的时候，他们才能享受到投资回报，才是在“赚钱”。在此之前的任何支出，都只是为了达到这一目标而做的努力。

EVA 解决了衡量业绩的各种指标不一致的混乱状况。例如，衡量市场指标时以市场份额占有率或者销售额为指标，衡量生产产品时以毛利率为考核指标，分析资本投资用净现值，分析并购业务用预期收入增长率等。而 EVA 联系了所有的过程，将企业各种生产经营活动归结为一个指标，即如何增加 EVA。EVA 指标考虑到了所有资本的机会成本，在一定程度上避免了操纵绩效的主观性行为。

从财务角度出发的传统企业绩效考核指标，是以资产报酬率为核心的一系列会计指标。例如，销售收入、销售成本、企业经营现金流量、资产负债率等定量指标。这一类指标不能很好地反映所有者盈利状况。而 EVA 是以价值创造为核心的考核体系，涵盖更全面，考虑到了所有资本的机会成本，反映了资产创造价值的能力。

EVA 在遵循基本会计原则的前提下可以对资本投入和经营利润进行调整，可以引导企业经营者在不同阶段进行必要调整，它更符合公司发展战略的要求。采用 EVA 指标，可以调整与本期经营利润无关的数据，例如，在税后营业利润科目剔除补贴收入、利息收入、汇兑收入，这些收入属于财务收入，和经营活动无关；还可以调整不能真实反映企业运营状况的项目，如资产减值准备、递延税金等科目，这些科目容易被管理者操纵以调整当期利润。

计算 EVA 时，要求所有对企业未来收益有关的现金支出都计入投资，而不是计入费用。投资决策、研发支出要进行资本化，摊销在受益期内。

将 EVA 指标引入绩效考核，有助于形成良好的激励机制。EVA 业绩考核将经营者薪酬与企业的业绩考评结果直接联系起来，使经营者的利益和股东价值最大化的目标统一，这是 EVA 业绩考核体系的核心意义所在。

在 EVA 体系中，基薪和 EVA 奖金构成经营者薪酬。经营者创造了超额利润，会得到奖励。奖励基金根据增加值的一个固定比例来计算，上不封顶，各级员工也相应地获得一部分奖金。股东、管理者和员工三者利益系于一个指标，解决了企业所有权与经营权分离导致的很多问题，使企业管理者更多地站在股东立场上思考问题、经营企业。三者利益结合，也培养了良好的团队精神。

华为将 EVA 指标引入绩效管理体系的做法是“虚拟利润”分享制。他们选择华为全资子公司华为电气有限公司（下称“华为电气”）做试点，试运行 EVA 考核，其核心思想就是按劳动和资本的需要分配“虚拟利润”。这个“虚拟利润”是指当年新创造的可分配的全部价值。虚拟利润是以剩余收益为基础，减去员工实发工资、投资性费用后的所得值。之后，再将计算所得的“虚拟利润”乘以分配系数，作为华为电气全体员工下一年度可以获得的薪酬总额。

“虚拟利润”分配模式的启动、运行，对华为电气以前的经营模式产生了冲击，改变了他们片面追求规模扩张的做法，调动了全体员工的积极性，使全体员工的价值创造能力不断提升，仅一年时间便取得了显著的效果。华为 EVA 考核被称为“中国企业成功资本运作第一例”。

EVA 激励方式的制定密切结合考核指标，在企业经营者薪酬结构中体现了 EVA 考核的落实情况，并且保持和其他指标的对应性，有效地激励了企业经营者。总之，华为将 EVA 考核纳入传统绩效考核体系取得了显著的效果，也为其他企业的操作提供了有益的启示。

360 度考评

360 度考评是包括华为在内的现代企业常用的绩效考核方法。

360 度考评用英文表示为 360° Feedback，也称为“全方位考核法”。该方法最先是由美国企业英特尔公司提出并实行的。

360 度考评是从员工本人、上司、下属、同事甚至顾客等各个角度，来了解员工个人的领导能力、工作能力、行政能力、沟通技巧、人际关系等。通过这种全方位的考评，被评估者可以从上司、下属、同事、顾客等渠道获得多种角度的反馈，也可以从这些不同的反馈中清楚地看到自己的长处、不足以及发展需求。这种方法有助于员工个人职业生涯的规划和发展，也有助于企业全方位了解被考评者。

华为对员工实施的 360 度绩效考评，考评团队由被考评者自己及其同事、下属、直接主管组成（如图 9-4 所示）。

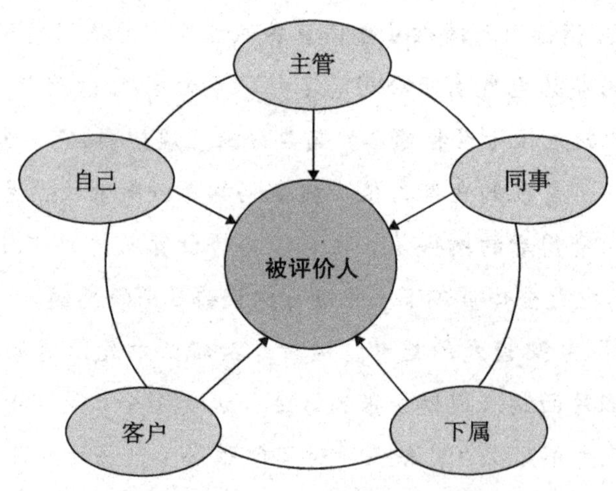

图 9-4　华为 360 度考评示意图

1. 自我评价

自我评价是让员工清楚地认知自我的过程，依据自我评价，员工要设定下一个期限的绩效目标。

2. 同事互评

很多时候，上级与下属接触的时间不多，彼此之间的沟通也非常少，所以，上级对下属做绩效评估时就会存在与真实状况不符的现象。而同事之间在一起工作的时间很长，他们相互间的了解比上级更深入，所以他们之间的互评反而比较客观。而且，开展同事之间的互评，可以让他们知道自己在人际沟通方面有没有问题。

3. 下属评价

是指让员工评估其上级主管的绩效，这个过程是一个下级向上级提出自己的看法和意见的过程。这种绩效评估的方式，对上级主管发掘自身潜能很有价值。

华为的管理者通过听取下属的意见、建议，可以清楚地了解自己的管理能力，发现需要改进的地方。

上级领导也可以依据下属对自己的评价，对照自我评价，发现其中的差异，并且查找产生差异的原因。华为的人力资源管理专家认为，下属对上级主管进行评估，对主管提升管理才能有很大的帮助。

4. 主管评价

可以说，每个员工的主管领导是最了解该员工的工作表现以及工作效果的人之一，因此由主管来做绩效评估，是绩效评估中最常见的方式。主管还可以用绩效评估的结果来指导员工，提高其绩效水平。

当然，360 度绩效考核法也存在一定的缺点。例如，作为考评者在考评时会带有个人情绪，不能秉持客观原则，把自己对某些人的不满反映在考评结果上，造成考核结果出现偏差、不公正；另外，360 度绩效考核方法的考核成本相对较高，比如会耗用很多工时；考核培训也存在一定的难度，每个员工既是考核者又是被考核者，对员工进行考核前的培训同样增加了考核成本。

运用 360 度绩效考核法时，还要注意以下几个问题。

（1）能力开发才是进行 360 度绩效考核方法的价值所在

评估本身只是一种手段，评估结果只是一个依据。简单地将 360 度反馈法运用于人才评估和绩效考评，往往达不到预期效果，还会导致许多问题。例如，人际关系矛盾、时间和人力成本的浪费，以及 HR 部门和管理层的威信下降等。只有把 360 度评估结果和个人职业发展规划结合起来，才会有更显著的效果，进而帮助员工提高自我洞察力，更加清楚自己的强项和需要改进的地方，并且制订下一步的能力发展计划。

> 华为在实施 360 度绩效考核的过程中，通过与员工的持续沟通，使员工建立起了对上级的信任、对考核程序和结果的公平性的信任，这样就消除了员工对考核的抵触情绪，使他们对考核能够保持开放、接受的态度。而且，华为在刚开始实施 360 度绩效考核时，考核结果并不作为晋升、奖惩的依据，而是以开发员工个人的能力为目的，这样员工就较容易地接受并认同了这一考核方式。

（2）实施 360 度绩效考核应该得到高层领导的支持

因为考核会涉及组织中各个层面的人，甚至还包括组织外部的人员，所以高层领导的支持可以使考核实施过程中出现的问题及时得到解决，使考核工作顺利开展。

360 度绩效考核体系适用于企业的稳定发展阶段。在企业重组、合并、大裁员时期，局势动荡，员工本身的不安全感激增，这时如果采用 360 度绩效考核很可能会加重员工的不安情绪，产生负面作用，达不到应有的效果。

从 KPI 到 OKR

KPI 是目前大多数企业都在使用的绩效管理系统，华为在 2015 年之前使用了十多年的 KPI 考核法。那么，是什么样的机缘让华为从 KPI 换到了 OKR？ OKR 与 KPI 有哪些不同？在华为最初推行 OKR 的时候，KPI 与 OKR 又是怎样和谐相处的呢？

相比于 KPI 系统，OKR 更偏重于目标管理，更注重激发员工的内在动机，让员工对目标的制定有更大的主动权。OKR 把目标与考核剥离，让员工自发地制定目标，在实现目标的过程中进行管理，而不是按照既定目标和完成率来考核，这样一来减少了员工的压力，很好地激发了员工的自我驱动力。

华为从 2015 年开始试用 OKR 体系，据当时华为 OKR 系统的参与者况阳介绍，华为运用 OKR 有内部原因也有外部原因。

内部原因是当时员工反馈的公司管理方面的问题，有四分之一是绩效管理问题，这是企业内部的触动点。

外部原因是很多知名大企业都在逐步废除绩效考评机制。例如，2012 年 Adobe 公司率先宣布废除绩效评级；随后，通用电器（GE）也在2015年正式宣布废除绩效考评机制；2016年2月，IBM公司在一封给内部员工的邮件中写道“Goodbye PBC，Hello Checkpoint”，正式宣布废除一年一度的绩效考评机制，改为从“业务结果、客户成功的影响力、创新、对他人的责任感、技能”这五个维度评估员工的工作表现。

内部员工反馈的绩效管理问题和外部企业绩效管理方面的变化，给当时的华为高管带来了压力，让管理层开始思考华为的绩效管理到底应该朝哪个方向走。

随着企业的发展，华为的高管意识到，单靠客户驱动，已经无法让企业再向前发展了。就像当年福特兄弟发明汽车的时候说的那样：“你到大街上问市民他们需要什么样的车的时候，他们只会告诉你需要一辆跑得更快的马车，而不是需要一辆汽车。”而乔布斯的观念是：真正大的创新，不是在市场上调研出来的，而是需要企业发挥自己的创意，不断尝试新的产品，让客户去了解和尝试。

KPI考核制度则在一定程度上限制了员工发挥其创造力和创新能力。

2015年，谷歌前CEO施密特写了《重新定义公司》一书，华为高管在与施密特取得联系之后，认为这种方式可以在华为实施。于是，在2015年，华为开始尝试引进OKR体系。

作为一个新的绩效管理系统，OKR在华为的推广也经历了一个不断尝试、不断调整的过程，直至现在，OKR与KPI两个考核体系依然在华为同时存在。华为OKR的具体推广方法如下。

1. 以咨询部门的方式尝试推广

华为在推行OKR的时候，并不是强制推行，而是把OKR作为一个咨询部门，在企业内部给其他部门提供服务和支持。哪个部门需要OKR体系或者在OKR推广执行的过程中遇到了问题，就会到这个咨询部门寻求帮助。

2. 以部分部门为试点试行OKR

华为推广OKR是以部分部门作为试点开始的。在华为，研发部门是最需要主观能动性和创新性的部门，所以，OKR的推广最先从部分研发部门开始。到了2016年5月，OKR试点已经在部分团队取得明显成效。华为有一个很明显的特点就是，在证明一个新的模式取得成效后，这个模式就会很快在全公司推广和传播。所以，从2016年5月到2017年4月这个阶段，OKR在华为推广得非常快。

3. 边推广边调整

从 2017 年 4 月开始，OKR 在华为的推广进入了一个缓慢推进的阶段，原因是公司高管考虑到华为部门众多，各个部门的情况也不尽相同，如果在全公司范围内推广 OKR 制度，有可能会带来管理上的风险。于是，从 2017 年 4 月到 2018 年 5 月，OKR 在华为的推广进入一个低潮期。

4. 因地制宜，不同部门实行不同的考核体系

对于非创新驱动的部门，华为并没有急于去推行 OKR。例如，在市场营销部门，运用 KPI 体系进行绩效考核更有利，所以，华为在市场营销部门仍然使用 KPI 体系。

那么，OKR 的推广给华为带来了哪些方面的成效呢？

首先，OKR 体系激发了员工的自驱力，也激发了员工的创新能力。所以，在项目研发的过程中，会有更多新的创意和点子被提出来，新产品的研发能力增强了，开发新产品的速度也提升了。

其次，之前用 KPI 考核时，很多项目都不会制定有挑战性的目标。采用 OKR 之后，团队成员更愿意做新的尝试，更愿意制定有挑战性的目标了。

最后，OKR 的实施让企业中主动找活干的员工增多了，员工不需要老板或领导实时监督自己；因为可以更好地发挥员工的主动性，员工的成长速度也变快了；同时因为员工有了更高的自由度，项目方案可以从下至上提出，因此，自下而上的建议和方案也变多了，一些方案和建议推行起来也变得更加顺畅。

> 2017 年，华为做过一次绩效管理满意度调查。调查的结果是：应用 OKR 系统进行绩效管理的团队，在各个维度上的满意度都要高于采用传统绩效管理的团队，尤其在团队合作、工作自由度、个人特长的发挥、组织开放度等方面，都有非常明显的促进作用。

为了能够持续激发员工的内在驱动力，华为的一个团队在实践 OKR 的过程中制定了团队实行 OKR 的十大信条。

> “始终思考我的目标对客户的价值；主动承担，为团队作出更大贡献；认定目标后坚定执行，如有相关变更即时知会周边成员；在聚焦自己目标的基础上尽力帮助别人；精益求精，坚持对技术的执着追求；合理规划工作，核心时间聚焦核

心工作；面临压力仍然坚持质量；求助他人之前，确保我已经做过深入思考；勇于挑战新领域；我的成长我做主。”

从 KPI 到 OKR，华为在不断尝试也在不断调整，目的是寻找更适合华为自身情况的考核体系。相比 KPI 来说，OKR 可以使员工有更多的自主性和能动性，但 KPI 的直观、可量化、简单易行的特点却是 OKR 所不具备的。华为最终根据不同部门的状况使用了不同的考核系统，使 OKR 与 KPI 两大考核体系共存。

OKR 不是一次性项目

作为一种绩效管理体系，OKR 可以算作一个项目，因为它具备项目的很多特质。但是，作为一个项目，OKR 没有“预期的结束日期”，它不是一个一次性项目，它需要持续地进行下去，需要植入企业文化中，成为企业文化的一部分，成为持续经营业务的一种方式。

在 OKR 持续推进的过程中，OKR 体系需要根据企业环境的变化做出相应变化和调整，为企业员工提供行为指南。需要说明的是，无论外界环境如何变化，都应该确保每个人都专注于最重要的业务，并推动企业不断前行。

那么，怎样才能做好 OKR 体系的持续推进呢？

1. 确定 OKR 项目关键负责人

制定 OKR 本身就已经是一件比较困难的事情了，要在不断变化的环境中持续推进更是困难。所以，推动 OKR 前进的一定是企业的关键负责人，或者项目的关键责任人。OKR 的责任人可以由企业的 CEO 来担任，也可以由其他部门主管来担任。重要的是，这个负责人从一开始就要支持 OKR 的实施，从心底认可和支持这个体系，这样在 OKR 推行的过程中遇到问题时才可以顺利解决。

除了对 OKR 的高度认可之外，负责人还需要有很强的组织能力和感染力，需要让员工能够持续地保持动力和激情，让大家日复一日地持续使用 OKR。

2. 有一个 IT 平台做支持

OKR 体系的持续推进，需要一个强大的 IT 平台做支持。这个 IT 平台最好是企业自建的，这样在持续推进 OKR 的过程中一旦需要对 OKR 体系进行调整，可以更方便更快捷，也更有自主性。

3. 与企业文化保持平衡

要持续推进 OKR，必须保持好 OKR 体系与企业文化的平衡，促进公司整体企业文化的转变。

OKR 体系在每个公司的具体模式不完全一样。例如，在谷歌和今日头条，OKR 有着更强的自主性，而在华为，这种自主驱动需要与华为的整体文化和制度结合起来。举个例子，谷歌的团队今年要做几件事，由团队成员提出；今日头条想要做一个产品，也是由团队成员贡献点子和创意，产品做好了就继续，做不好就停止；而在华为，由公司给出今年要做的几件事，由团队成员根据自己的特长和兴趣，决定自己做什么。

OKR 不是一次性项目，需要在企业持续推进和发展下去。OKR 的推进和发展也不是一蹴而就的事情，需要根据不同企业的实际情况以及后期的发展，在随时调整的过程中不断完善。其他企业也可以学习华为的这种模式，根据自己企业的情况，制定和调整适合自身的 OKR 体系。

第十章
绩效监督：管控全覆盖，绩效自然来

绩效监督的好坏直接影响到企业管控的覆盖面，决定着企业管理的深度。一套完善的、适合自身发展的绩效监督体系，是企业平稳运行并不断发展壮大的保障。华为在发展过程中形成的绩效监督体系，保证了华为在30多年的发展历程中没有出现大的失误和灾难，在大风大浪中依然能够稳步前行。

根据考核者承诺，设立监督点

华为在公司内部制定了严格、科学、有效的规则以及相应的监督管理体系，对员工和管理者实行全面的绩效监督。

华为的绩效考核体系，实行个人业务绩效承诺计划，也就是本书前面提到的 PBC（如图 10-1 所示）。员工围绕“力争取胜、快速执行、团队精神”的价值观，制订个人的绩效承诺计划，并保证个人绩效承诺计划与公司的绩效承诺一致。

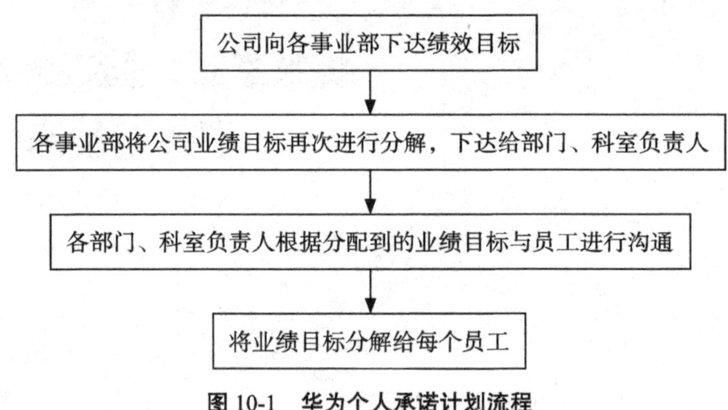

图 10-1　华为个人承诺计划流程

每年从 10 月开始，华为就把公司第二年的战略目标进行分解，一层一层传达下去，一直到个人目标。这个工作一直持续到第二年 2 月才能完成。在每年的 2 月至 4 月，签署部门和个人的 PBC。

公司将奖金分配、薪资调整、职位晋升与绩效考核结果直接挂钩，本着对员工负责和对公司负责的原则，业务部门管理者对员工业务绩效承诺计划进行监督，督促员工按计划完成自己的承诺。

1. 设立阶段性目标

员工签署 PBC 之后，上级主管领导还会就每个人的个人承诺计划制定出阶段性目标监督点。在设立监督点的时候，管理层会与员工沟通，让员工提前了解并认可这些监督点。员工在计划执行的过程中，会对每个步骤和阶段有清晰的认知，了解自己每个时间段目标的完成比例、走到了整个计划的什么位置、在阶段性目标不能完成的时候如何调整自己的工作方式等。这样更有利于员工承诺计划的完成，不至于等到最后才发现目标无法完成，却没有时间调整了。

2. 把握方向，保证员工承诺计划与公司整体计划一致

在员工执行 PBC 的过程中，主管领导会帮助员工把握方向，及时纠正目标实现过程中出现的问题，防止出现方向上的偏差。例如，因为急于追求目标的完成，有些员工会寻找所谓的捷径，做出违背企业文化和规范的行为，给公司形象和公司的整体战略目标造成不好的影响。

在华为绝对不允许出现为了实现个人目标而牺牲全局利益的事情，无论是基层员工还是管理者，一旦出现损害公司形象和影响整体战略目标实现的违规行为，公司会给予相关人员非常严厉的处罚。

3. 严格按流程做事

无论什么岗位的员工，都要严格按流程做事。这样，在计划执行流程中，每一个细节和每一个节点都是一个监督点，一旦出现与流程不符的节点错位，主管领导就可以马上发现问题，员工也可以在执行的过程中按照流程检测自己的行为，保证承诺计划的顺利完成。

按流程做事体现在华为内部的每一个岗位上，我们可以看看华为司机在工作中的流程。

华为的司机大多为退伍军人，这些人在到华为之前就有过硬的本领和良好的习惯，但是他们到华为之后，还是要经过一个月的礼仪和企业文化训练，保证他们在后续工作过程中，把工作流程中的每一个细节都执行到位。

除了车子内外一尘不染之外，司机的个人形象也是一点都不能打折扣的，即使在炎热的夏季，司机们也要保证身着正装、随时待命；接送客户的时候，一定会提前到达指定地点，等待客户到来；客户上下车时，他们会用标准的姿势为客户打开车门，用一只手为客户挡住车顶；在汽车行驶过程中，无论情况怎样紧急、路况如何不好，司机都能保持情绪稳定和车速平稳，让客户感觉安全、舒适。

华为司机的行为，只是众多岗位的一个缩影。华为每一个部门主管领导都会监督员工严格按流程做事，把每一个环节、每一个细节做到位；每一个细节出现问题的时候都会及时得到解决，保证整个计划执行得顺畅快捷。

华为对员工的绩效承诺进行监督的目的是督促员工完成自己既定的目标和计划，

而不是惩罚。所以，在监督计划执行的过程中，一方面公司设立监督点，规范和督促员工的工作；另一方面公司提倡宽容和开放的态度，对员工工作中出现的小问题、小失误不会揪着不放，只要员工改过就好。

监督要依据公平原则

华为的绩效监督不仅仅针对普通员工，也针对管理层甚至高层管理者。在华为，对干部的任命和选拔都有非常严格的规定，通过干部任命的管理者，在任职期间不仅要接受来自上层管理者的监督，还要接受基层员工的监督（如图 10-2 所示）。

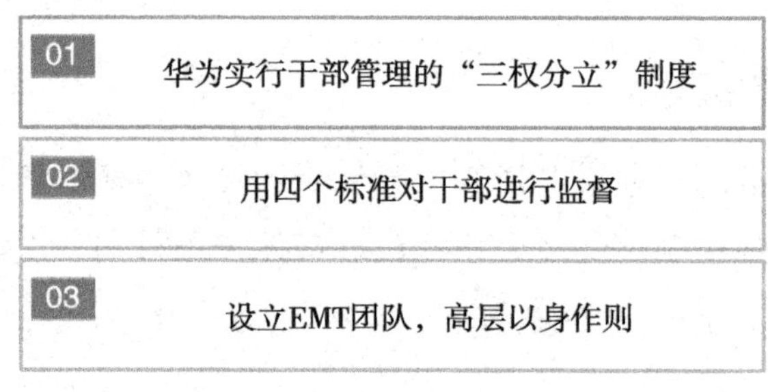

图 10-2　华为监督公平原则

1. 华为实行干部管理的“三权分立”制度

华为设立了人力资源部、人力资源决策团队和党委会“三权分立”的干部管理体制和监督制度。

人力资源部负责收集并确认干部工作中的绩效数据，每个月把收集到的相关数据提供给人力资源决策团队。

人力资源决策团队负责对干部的能力进行评估，例如干部的决断力、商业洞察力、战略风险承担能力等，根据干部的能力对其进行价值评估，决定将什么样的干部放在什么样的岗位上。

党委会则负责对干部出现的商业违规行为进行监督和调查。在决策大会上通过任命的干部，会面向公司全体员工在网上进行为期 15 天的公示，期间如果有人投诉，党委会进行有针对性的调查，如果情况属实，则撤销对该干部的任命。对于已经在任的干部，如果有员工投诉该干部有违法违规行为，党委会也会对其进行调查和处理。

2. 用四个标准对干部进行监督

华为的干部选拔有四个标准：核心价值观、品德和作风、能力、绩效。所以，在对干部进行监督的时候，华为也会遵从这几个标准。

华为在选拔干部的时候，把核心价值观作为最基础的一项标准，一定要选拔与华为核心价值观高度契合的人。

品德和作风是选拔干部的底线，一般通过关键事件进行评定和考核，品德和作风方面不能过关的干部，可以采用一票否决。

华为干部的能力包括领导力和岗位专业能力。干部的能力是在工作中持续表现出来的关键绩效行为。

绩效是考核干部的硬性条件也是必要条件。在华为，只有绩效位于前 25% 的人才有资格作为备选干部。华为对干部业绩的认定包括三条标准：第一，最终对客户产生贡献的绩效才算是真正的绩效；第二，关键行为过程要以结果为导向；第三，个人素质代表业绩，只有能够公开表现出来、被大家看到的业绩才是公司认可的业绩。

3. 设立 EMT 团队，高层以身作则

华为创立之初，就要求干部严于律己，提出用制度防止干部腐化。2005 年 12 月，华为召开 EMT（管理执行团队）民主生活会，提出正人先正己，干部要以身作则，严格自律，做员工的楷模。2007 年，华为通过了《EMT 团队宣言》，要求从 EMT 团队成员到公司中高层依据制度自查自纠，并接受全体员工监督。华为已把这一形式固化成了一年一度的宣誓大会。

2018 年，因为“部分经营单位发生了经营质量事故和业务造假行为”，华为对主要责任领导提出问责，任正非自罚 100 万元，各个轮值 CEO 也未能幸免，郭平罚款 50 万元，徐直军罚款 50 万元，胡厚崑罚款 50 万元，李杰罚款 50 万元。

其实类似的事情在 2015 年也发生过一次。2015 年，因为消费者 BG（业务集团）和企业 BG 没有达到绩效承诺，这两个 BG 的董事长和总裁都没有奖金，公司 EMT 团队的成员中有 7 位也是零奖金，包括任正非和前董事长孙亚芳，而华为当年发放的奖金总额是 125.3 亿元。

高层的自律为全公司起到了示范作用，自我监督和自我处罚也保证了监督体制的相对公平、公正。就像任正非所说："绝对的纯洁是没有的，我们追求相对的纯洁。"监督体制的公平原则也是如此。

监督也是绩效的一部分

监督就是在事情进行的过程中对其进行监视、督促和管理，让结果达到预定的目标。华为的监督体系包括对基层员工的监督，也包括对高层管理者的监督。

1. 互相监督，建立"蓝军参谋部"

任正非认为，监督也是一种生产力，通过监督，提升了员工和部门的业绩，就等于提升了公司整体绩效。所以，华为提倡在员工之间、部门之间实行互相监督，这样可以帮助彼此少一些惰性、多一些积极性和主动性，继而提升业绩。

为了鼓励互相监督，华为专门成立了"蓝军参谋部"。"蓝军"是相对于"红军"而言的，"红军"代表公司现行的战略模式，"蓝军"代表竞争对手的战略模式或者与现有模式不同的创新型模式。"蓝军参谋部"的职能就是针对公司的各种决策和讨论的内容提出一些反面的、否定性的意见。

"蓝军"最著名的战绩是2008年阻止华为出售自己的终端业务。

> 2007年，苹果推出了划时代的iPhone系列产品，"蓝军"却从苹果的iPhone终端发现了终端的重要性。所以，在2008年华为准备卖掉自己的终端业务时，"蓝军"提出了未来终端将是"端—管—云"三位一体的概念，放弃终端等于放弃华为，阻止了华为将终端业务脱手。十年后，华为终端业务的营收占了华为总营收的将近一半。

"蓝军参谋部"存在于管理层，也存在于基层。无论是哪个层面的"蓝军"，其最终目的都是对另一方的工作流程和绩效进行对抗性的监督，让对方发现自己存在的问题并及时解决，保证最终有好的结果。

华为内部对"蓝军"有一种特有的保护机制，对"蓝军"的"胡说八道"持宽容的态度。任正非对这种"红蓝对抗"始终持支持的态度，而他自身的身份也会根据公司的形势变换——当公司内外形势一片大好的时候，任正非就扮演“蓝军”的角色，提醒大家华为的冬天就在眼前；当公司面临的环境不好时，任正非就会成为“红军”领袖，为大家打气，提升大家的斗志。

2. 监督也是公司绩效的一部分

在华为，绩效不只是指业务方面的业绩，监督也是公司绩效的一部分。

首先，华为有专门的监督管理部门，监管部门对绩效监督的得力与否，与整个公司的绩效有很大关系。前面提到的“蓝军阻止卖出业务终端”的事例，就是监督得力，让公司整体绩效提升了将近一倍的典型案例。

其次，如果监管部门的监督不力，就会使被监督部门的业绩难以达成，这样一方面会影响公司整体绩效，另一方面也说明监管部门自己的绩效没有达标，自己的工作没有做到位，例如我们前面提到的华为高层零奖金的事件。

所以，监督本身也是一项业务，也需要提升自己的绩效，帮助其他人、其他部门发现问题。提升绩效，是监督的最终责任。

细节决定绩效监督的成败

2016 年 12 月，任正非在华为监督体系座谈会上对监管部门的同事说：“公司发展这么快，腐败现象这么少，得益于我们在管理和控制领域做出的努力。”他提出“应该给每个人发一个奖章，上面刻上‘英雄万岁’”。因为正是这些工作人员的辛苦工作，才保证了公司整体运行平稳。

确实，正如任正非所说，从事监管工作的员工非常辛苦，无论是监管范围还是监督体系的自身建设，都可以说做到了细致入微。

1. 监督遍布公司每个部门、每个人

华为监督体系的监督范围不仅包括基层员工，也包括各级干部，而且对干部的监督更为严格。在设置监督体系的时候，华为不仅设置了内部控制三条防线，对干部在职和离任时的审计也是监督的必要部分。

（1）内部控制三条防线

公司发展越快，管理覆盖就越不足，这不仅是华为的问题，也是所有企业都会遇到的问题。针对这样的情况，华为在监管体系设置了内部控制三层防线。

①第一层防线是对基础业务流程的监督。

第一层防线的监管由业务主管或流程 Owner（责任人）负责，他们是内控第一责任人。业务流程的业务主管要针对自己职责范围内的业务流程形成内控意识，同时拥有控制风险的能力，真正承担起内控和风险监管的责任。

②第二层防线是针对跨流程、跨领域的高风险事项进行监管。

在这个过程中，业务主管仍是监督管理的责任人，稽查体系帮助业务主管管理好自己的业务，不仅帮助他发现问题，而且推动问题的改进，帮助业务主管把问题终结，不把问题遗留给后面其他部门。

③第三层防线是内部审计部门。

审计部门面对的是华为所有部门的所有人员，这是一个没有规律可循、随时进行突击检查的部门。华为的内部审计部门是华为的“司法部队”，审计的目的是建立冷威慑。审计部的审计工作没有规律，抓住一个问题就深查下去，不依不饶一查到底。这样的冷威慑让人猝不及防，也让所有人不敢做违法违规的事。

（2）对干部的审计：干部离任要审计，在任也要审计

华为对干部的监管更为严格，不仅干部离任时要审计，在任时也要随时接受审计部门的审计。对干部的审计实行无罪论定，没有确凿的证据不能冤枉好人。审计人员既要坚持原则又要有科学的方法，本着实事求是的原则把问题调查清楚。对在任干部的审计，是为了把干部工作中可能出现的问题尽早发现、尽早解决，不让干部出现大的问题，这实际上也是对干部的一种保护。

2. 监督体系和监督岗位自身的建设

华为的监督体系在其自身建设方面也是关注到了每一个细节，从监督岗位的责任制到监督程序的科学化，让监督体系在实施过程中，可以伴随着公司的前行不断改进、调整、简化。

（1）监督岗位实行个人负责制

华为的监督岗位实行个人负责制，这样可以给监管岗位的人员更大的自由度，让他们对于发现的问题敢于坚持原则、实事求是。

（2）监督岗位的工作要走向科学化、程序化

内控、稽查、审计体系应当规范化运行，形成科学的监管体系。监管流程应当简单化，监督方法应当科学化。发现问题时，对前因后果都要进行分析，而且要对行政主管问责，该承担什么责任就承担什么责任。同时发挥子公司董事会的作用，做到内外合规监管。

内控和监管工作的目的，是为了让公司发展得更快，而不是阻止公司发展。所以，监督和审计的时候，审结点实行大部门制，一个部门只有一个审结点，而且这个审结点有一定的时效，过了这个时间没有查到问题，就要过关。后期再出现问题，则追究评审点的责任。这样保证了内控和监管工作的速度。

普遍实行反向监督

华为的监督体系实行互相监督，这个互相监督不只是在员工之间进行，还包括员工与管理层之间的互相监督。

在反向监督中，干部对于员工提出的意见要深刻反思、查清事实，如果确有问题，要积极想办法改进；如果员工提出的意见、反映的问题不是事实，对干部的批评和监督是错误的，华为也会对员工持包容的态度，这样做的目的就是提高员工反向监督的积极性和能动性，让员工敢于监督、乐于监督。

反向监督的目的是为了激发干部自我批判的积极性，督促干部不断学习、不断进步，带领企业更好地前行。

华为对干部的监督有多种方式，包括民主生活会、经理人反馈计划（MFP）、心声社区、集体宣誓等（如图 10-3 所示），这些都是员工或组织对高层干部的监督方式。

图 10-3　华为对干部的监督方式

1. 民主生活会

民主生活会是华为坚持多年的优良传统，主要在公司中高层管理者中实行，一般每隔三个月或半年举行一次，没有特殊情况，包括任正非在内的所有中高层管理者都要参加。

民主生活会规定：华为员工不论职位高低，都可以完全放开地批评和自我批评，既可以敞开心扉审视、反省自我，然后知耻后勇，改正缺点；也可以当面指出别人包括与会的最高领导的问题，促其改正。

在民主生活会上，所有干部都要对自己过去一段时间在管理工作中的得失进行阐述，就相关问题和过失提出改进的措施，并由专门人员进行记录。下一次民主生活会的时候，相关干部要对改进措施的执行情况进行陈述。

借助民主生活会，华为强化了“反向监督”的成效，提升了管理层整体的战斗力。

2. 经理人反馈计划（MFP）

MFP（Manager Feedback Program，经理人反馈计划）是一个提升管理者领导力的工具。这个工具的意义在于，通过征集下属对上级主管在管理方面的意见，对管理者起到“反向监督”的作用，推动管理者对自己的工作形成全面认知，针对存在的问题制订和实施改进计划。

3. 心声社区

心声社区是华为的内部网站，华为的很多内部文件都在这里公开发布。在心声社区，任何员工都可以对公司的各项政策和举措、管理层的言行举止提出批评建议，或者展开讨论。这里被任正非称为“罗马广场”，包括任正非本人在内的很多华为高管都在心声社区接受来自员工的批判。

2018 年 3 月，华为的“蓝军”把对任正非的批判在心声社区发表出来，这次批判给任正非列出了“十宗罪”。

“1. 任总的人力资源哲学思想是世界级创新，但有的时候指导过深过细过急，HR 体系执行过于机械化、僵硬化、运动化，专业力量没有得到发挥；2. 不要过早否定新的事物，对新事物要抱着开放的心态，让子弹先飞一会儿；3. 工资、补贴、奖金、长期激励机制等价值分配机制需要系统梳理和思考；4. 不能把中庸之道用到极致，灰度灰度再灰度，妥协妥协再妥协；5. 干部管理要在风险和效率上追求平衡；6. 要重视专家，强化专家的价值；7. 反思海外经历适用的职务范围的问题；8. 不能基于汇报内容、汇报好坏来肯定或否定汇报人员；9. 任总的很多管理思想、管理要求只适用于运营商业务，不能适用于其他业务；……"

这"十宗罪"的每一条都有非常详细的解释和阐述。对于这样的批判，任正非表示会虚心接受、认真整改。

4. 集体宣誓

2005 年，在公司召开的 EMT 民主生活会上，通过了《EMT 自律宣言》；2017 年 9 月，华为举行了第一届"华为公司 EMT 自律宣誓大会"，面对与会的 200 余名中高级干部，包括任正非在内的 9 名 EMT 与会成员庄严宣誓：

"正人先正己、以身作则、严于律己，做全体员工的楷模……高级干部要有自我约束的能力，通过自查、自纠、自我批判，每日三省吾身……我们将坚决履行以上承诺，并接受公司审计和全体员工的监督。"

自此，集体宣誓成为华为内部一种固定下来的制度，每年举行一次。

2017 年 1 月，华为自律宣誓大会与市场部会议同步进行，故更名为"华为公司干部工作作风宣誓大会"。在这次宣誓大会上，包括董事会成员、监事会成员及各 BG 总裁、地区总裁和产品线总裁等在内的公司高管分别宣誓。

这次宣誓看似是公司高层少数人的行为，但是，这次宣誓在华为的心声社区进行专题报道后，不到 4 个月的浏览量就达到 16.6 万次，接近华为的总人数，评论达到 4100 多条。可见，集体宣誓在华为是一个自上而下、全员参与的活动。

在华为，每一名公司成员都有权利监督自己上级领导的言行。这样的监督体制，使华为形成了一种正向的、积极的组织氛围，也保证了监督流程不完整时，公司拥有"自愈"的能力。

第十一章
绩效沟通：合理地坚持，负激励发挥正能量

管理者与员工之间的有效沟通是绩效反馈中最重要的手段，对实现绩效管理目标相当有效。当员工的行为不符合企业目标或工作需要时，管理者应该给予批评和指正，这种沟通方式就是负激励。管理者需要明白，坚持与员工保持合理的绩效沟通，就能让负激励发挥正能量。

允许犯错，但要有进步

任正非曾经说过这样一句话："允许犯错，但要有进步。"这句话包含两个层次的意思，二者是递进关系：第一层是犯错；第二层是进步。也就是说，犯错是要有收获的，有收获就是进步。如果为了不犯错而不敢去做或不敢去尝试，便会错失发展的良机，或者失去开拓的勇气和动力。

绩效反馈中针对职工错误行为的有效沟通（即建设性的批评）、针对职工正确行为的有效沟通（即肯定与赞扬）和绩效评价结果面谈等，都有着一个共同的目的，就是提高职工的绩效。

如何理解以上所指的有效沟通呢？例如，小周上交的新产品推广计划书总是有一些出人意料的好主意，但经常会在细节方面留下一些比较明显的瑕疵。他的主管可以这样和他说："小周，你工作总是这么马虎，一点都不称职，是希望被解雇吗？"同样，主管也可以这样说："小周，你的计划书做得很棒，很有创意，下次若能在细节方面再注意一下就更好了！"这两种沟通虽然都是对员工错误行为的批评，但哪一种沟通效果比较好呢？显然，前一种沟通是消极的批评，并且有针对个人的倾向，容易使员工产生抵触情绪；在后一种沟通中，管理者让员工了解了他的问题所在——细节方面把握不足，这种批评属于积极的和建设性的批评，或者说是一种负激励方式。通过比较我们可以看出，有效沟通就是采用一些策略，使对方更容易接受自己的意见或建议。

在错误中进步，是华为自我批判的核心内容之一，包容员工的错误，往往会使他们更快地达成绩效。尤其是研究领域，没有天马行空的想象，没有无边无际的假设，没有不断试错的行动，是不可能有创新或改进的。

> 华为提出"允许犯创新性错误，但不允许犯流程性错误"。前者是为了给研发人员自由想象与尝试的空间，以不断取得创新成果；不允许员工在流程操作中犯错误，是因为这种流程操作预先有培训，是机械的、有标准的。在流程中犯错误，一是表明工作人员岗前培训没有做好；二是这种错误会增加产品、物料的成本和用工成本。

一般来说，员工在工作中遇到困难或者出错时，管理者应该让员工感受到企业对他的关注，并使员工相信自己能够得到来自管理层的帮助，在失误或犯错误后重拾信心，提高对管理者的信任感，与其共同提高工作绩效。这也是绩效沟通发挥激励作用的重要表现。

列夫·托尔斯泰说过：“与人交谈一次，往往比多年闭门劳作更能启发心智。”对于华为来说，员工和主管之间有效的绩效沟通就是一把金光闪闪的钥匙，它能开启管理者和员工的心门，使公司形成乐观、振奋、进取的工作氛围，不断提升绩效水平。

“骂”文化，激发员工的斗志

在华为人的眼里，任正非无疑是一位严厉的领导，他的许多“骂人”的话，被华为人奉为经典，深刻地影响着他们的工作，有的甚至成为他们的座右铭。

但是，骂人也要骂得有道理，让人心服口服。所以，骂人也是有条件的（如图11-1 所示）。

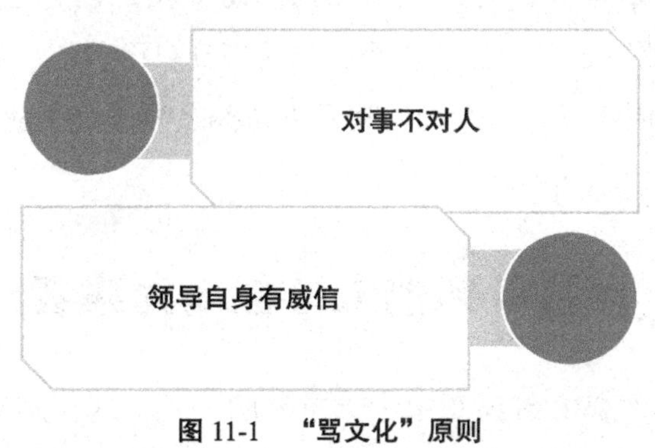

图 11-1　“骂文化”原则

1. 对事不对人

领导批评甚至责骂员工，一定要针对员工、下属所做的错事本身，而不是针对员工本人，这是其一。另外，对员工、下属一定要一碗水端平，不能偏心。否则，哪怕这件事真的是员工做错了，他也不会想是因为自己做事没做好而导致挨骂，他只会认为你不喜欢他、不待见他，故意找茬来了。这样一来反而会激起他的逆反心理，不但有错不改，还会变本加厉地和领导对着干，从而给企业带来损失。

2. 领导自身有威信

领导要有威信，要有人格魅力，还要能力强。特别是带着员工一路打拼出来的创业家领导、身先士卒型领导、家长式领导，偶尔批评员工、下属，还是有明显的激励效果的。

骂人其实也是一种激励方式、促进方式和教育方式。很多下属和员工就是在被领导、上司骂了之后才幡然醒悟，从此走上一条进步之路。

当然，我们说的“骂”并不是用那些不文明的用语来污辱别人，而是一种严厉的批评方式，一种比较激烈的表达方式。

> 有一回，任正非给一份报告的批示用了“非常臭”的字眼。还有一次，任正非去某下属单位办事，该单位负责人听说后马上租用高级轿车来迎接他。任正非见了大声斥责道：“这纯属浪费！要这样的高级车干吗？”

任正非“骂人”，员工并没有产生强烈的反感，就是因为这些事他“骂”得有道理。员工在这样的“骂”之下产生了羞愧心，认识到自己的错误和不当之处。古语云：知耻而后勇。“骂”有时也是一种激励，我们不妨称之为“负激励”。

自我批判的人才能成为强者

“自我批评”是华为核心价值观中十分重要的一环，这在其他企业中是不多见的。华为对于“自我批评”的解释是：“自我批评的目的是不断进步、不断改进，而不是自我否定。”

任正非是一位深知自我批评作用的领导人，所以他才会不惜花费巨大精力在华为提倡“自我批评”之风。他曾经说：“只有在批评和自我批评中，华为才会变得更加强大。我们不要搞一团和气，互相包庇缺点，要加强批评与自我批评。只有在批评与自我批评的基础上，才能陶冶自己、清洁自己，提高对公司文化的认识，加强真正坚实的团结。”由此可见，“自我批评”精神在华为有着举足轻重的地位和作用，华为的高效率、高绩效就是一种体现。

任正非不仅提倡自我批评，而且在华为多次举办“批评大会”，针对某个系统或者某个部门在大方向上的不足或者错误进行纠正。其中比较广为人知的就是中研部的

“呆死料”大会。任正非在大会上列举了创新不符合市场、工作不够认真、测试水平不达标、BOM（物料清单）填写不合规则等问题，并把由这些问题产生的呆死物料当作“特殊奖品”送给了研发部门的几百名领导和员工。会上，任正非还讲到华为为什么一定要坚持自我批评。

“我们正处在IT业变化极快的十倍速时代，这个世界上唯一不变的就是变化。我们稍有迟疑，就会失之千里。如果故步自封、拒绝批评，就不只是千里了。我们是为了面子而走向失败、走向死亡，还是丢掉面子、丢掉错误，迎头赶上呢？要活下去，就只有超越。要超越，首先必须超越自我。超越自我的必要条件，就是及时去除一切错误。要去除一切错误，就要敢于自我批判。”

任正非把“自我批评”和公司的生死存亡联系在一起，就是要强调其重要性：有了“里子”，才能有真正的“面子”。这里所谓的“里子”说的是员工绩效、企业效益。任正非曾经在核心网产品线表彰大会上说：“20多年的奋斗实践，使我们领悟了自我批判对一个公司的发展有多么重要。如果我们没有坚持这条原则，华为绝不会有今天。”

任正非在华为不断反复强调的不仅仅是“自我批评”，他还鼓励批评他人，即使对方是领导。在华为人力资源部2.0总纲研讨班上，与会领导不仅进行了深刻的自我批评，还对任正非在一些日常工作中出现的问题进行了批评，最后还写成文章，于2018年4月8日发表在“心声社区”，题为《人力资源2.0总纲研讨班上对任总的批判意见汇总》。文章中写道：

“在人力资源具体政策的执行过程中，存在任总过于强势、指导过深过细过急的问题。而HR体系执行机械化、僵硬化、运动化、一刀切，不敢从专业视角提出意见，不敢跟老板PK，没有体现应有的专业力量。”

“现在HR政策管得太细了，条条框框太死了。各级主管对人力资源的有些政策怨声载道，但HR基本视而不见。为什么会导致这样的情况？我们的HR政策从来只有单向推行，没有系统的反馈、优化和修正，这不符合管理的基本原则。这些我们都需要反思。”

田涛、吴春波于2012年出版了一本书，名为《下一个倒下的会不会是华为》，在社会上尤其是业内引起了强烈反响。任正非对此评价道：“我看社会上评价《下一个倒下的会不会是华为》这本书的时候，外部都是赞扬的，华为都是批判的，我觉得这就是有希望的！华为员工的可贵之处，就是敢于批判自己的公司。这就是我们公司永远生存下去的基础。没有自我批判，我们迟早会死亡。”

保持危机意识，在压力下生存

华为在30多年的发展历程中没有遇到特别大的坎坷，这得益于华为高层一贯的自我反省，时时警醒自己失败随时存在，并且能及时修正错误，调整航向。华为人的自愿降薪就是这种忧患意识的体现，也是华为人和公司同呼吸、共命运的集体意识的体现。任正非曾经说过这样一段话：

> “第二次世界大战结束后，德国经济遭受很大的破坏，工会便联合起来，号召大家降薪，增加企业活力。这使我很感动，德国工人把企业的生死存亡看得很重。我们也不能把员工培养成贪得无厌的人。我们要向员工的太平意识宣战。现在的市场是十分严峻的，外国厂家拼命倾销，令我们的企业不堪重负。我们有员工提出，既然公司花很多钱支持希望工程，提供寒门学子基金，还要支持烛光计划，为什么不建华为大厦让员工免费居住？为什么不实行食堂吃饭不要钱的政策？不管公司经济上能否实现，这些要求都反映了员工的太平意识，这种太平意识必须要长期给予打击，否则公司就会开始走向没落。现在公司的自愿降薪就是用演习的方式打击员工的太平意识。”

任正非认为，自愿降薪可以让员工保持清醒的危机意识。也就是说，告诉员工现在所拥有的也许瞬间就可以失去，以促使员工不断进取、不断努力。其实，降10%的薪水对华为的资金总量来说微不足道，但它可以体现公司中高层和基层员工与公司同甘苦、共患难的精神，鼓舞华为人上下同心、奋斗不息。

另外，自愿降薪也开创了薪水能升能降的机制，对管理者和员工具有预警作用。万一有一天市场环境进入冬天，华为降薪保企业也不会让管理者和员工有过于突然之感，从而无法接受。

> 2019年5月份开始，华为在多个领域业务的开展都感受到了极大的阻力。世界上最先进的芯片和操作系统都无法正常使用，华为在国际市场阻力重重。

但是突然到来的危机并没有打垮华为人，只是激发了华为人更加昂扬的斗志。华为员工自愿降薪，主动加班工作，愿意与公司共渡难关。更难能可贵的是，这些行动得到很多员工家人的认可和支持。员工主动承担公司的困难，家人也在这时候成了员工最温情的支撑，这样的华为肯定不会畏惧任何困难。

其实，华为的自愿降薪运动仅限总监级及行政主管以上级别员工，对业务专家、骨干、普通员工并不作要求。而且，员工、骨干、专家干得好照样加薪。这样做的深意是：让大家看到公司管理者在公司面临困难时的一种态度，那就是上下一心同舟共济的态度。

在比较中分享和成长

每年都有大批新员工加入华为，他们每月领取的薪水和老员工相比有较大的差距。新员工难免在心理上产生较大的失落感、焦虑感、不公平感，这将严重影响到他们的工作积极性。在华为，这种因攀比而产生心理落差的问题比较普遍。

在员工感到自己的绩效水平明显低于其他同事时他们也会产生一定的消极心理，如果此时不能及时进行绩效沟通，及时对员工的消极心理进行疏导，就会影响到员工工作的主动性、积极性，甚至影响团队团结。

那么，如何摒弃消极的攀比风气，形成健康良性的比较机制呢？绩效沟通中的绩效面谈和绩效辅导工作，就可以有效地解决员工的思想问题。绩效面谈是发生在员工绩效评价之后，针对员工的绩效结果进行的正式交流，可以缓解员工和管理者之间的对立情绪，并且帮助员工认识到实现绩效过程中存在的问题，当然也包括因思想问题造成的绩效水平低下。

任正非就特别重视新员工的思想工作问题。他强调新员工应该对差异的形成有正确的认识。

任正非说："公司有的员工，心里面常常愤愤不平，觉得委屈他啦！其实，我们公司很简单，并不像他们说的那样不公平，一个新员工进入公司，他们前半年先培训，后面一年左右的时间主要是熟悉工作，他们真正产生贡献是在两年后，他们进公司时薪酬五六千元钱，这样的报酬在社会上已经不低了。但是，他们和老员工对比，愤愤不平，说老员工有股票。大家想一想，在创业时期，你没有出现，当时公司处在风险时期，老员工将工资、奖金，甚至全部家当都投到了公司。”

通过绩效沟通解决了员工的思想问题，还要通过绩效辅导帮助员工，化消极因素为积极因素，提高他们的绩效水平。这种辅导既体现在员工工作过程中，也体现在工作告一段落后。

例如，针对新老员工的待遇差异问题，帮助员工从正确的角度看待、比较。那些基于工作岗位和工作贡献的比较才是健康的、积极的。华为提倡在绩效公示后，所有员工要及时反省，及时进行自我批评、找差距；要以开放的心态去寻找他人的优点，要向他人学习。哪怕自己的绩效比别人更好，也要保持低姿态，要有开放的胸怀与谦虚的态度。

绩效公示后，各团队要及时做好沟通工作，完善工作总结，使大家看到前进的方向，这样员工才有持续上进的动力。当然，也要注意理论联系实践，从自己学到的知识经验中提炼总结出好的工作方式、方法，并且及时分享给大家、分享给团队。

而对于业绩出众的人才，华为要求他们要以谦卑的心态对待过往的业绩，对未来的失败要有心理准备，因为没有人永远是对的，没有人永远是赢家，要融入团队，虚心向他人学习。这就是基于企业共同目标的华为的新同事文化——分享与共同成长。

任正非说：“今天，许多人已明显感觉到我们与同事共处的时间多于与家人和亲友共处的时间，当我们有条件去选择自己的工作环境时，我们为什么不选择和自己喜爱的人在一起呢？我们可以像兄弟、姐妹共同操持一份家业一样操持我们的事业，我们之间没有权力压迫，没有勾心斗角，没有出卖，没有争宠，没有背叛。我们用各自的肩膀互相支撑，我们如亲人般地互相关怀，我们有共同的兴趣、共同的目标，我们愿意在工作之余互相倾诉又互相倾听。”

通过绩效沟通，员工可以以积极、开放、谦虚的心态对待公示结果，找出差距，分享成功的经验，在他们之间也形成比、学、赶、帮、超的良好工作氛围；对于公司而言，绩效公示建立起了监督机制，绩效沟通营造了学习交流的气氛，它为提升团队和员工个人绩效水平起到了重要作用。

唤起耻辱心的“最差奖”大会

2000年9月1日，华为为研发系统的全体员工召开了一次“颁奖大会”。

“颁奖会”会场上，几千名研发系统的员工、数百名研发系统的骨干，被一一点名叫到主席台，领取“奖品”。而这奖品就是几年来因研发失误、工作不认真等非正常因素生产出的残次品，以及因不必要的维修而产生的费用的单据。任正非要求员工将这些“奖品”带回家保存，以时时提醒自己。每一个“获奖者”都从内心深处受到震动，产生了一种强烈的耻辱感，进而升腾起进取意识。这次活动就是华为有名的“最差奖”大会。

“最差奖”大会经常、不定期地在华为举行，实际上等于一次“自我惩戒”，旨在唤起员工的羞耻心，唤醒他们的责任感，让他们正视错误、改正错误。

在一个按部就班的集体中，时间长了，员工就会产生懈怠的心理；在一条生产线上长期从事同样的工作，就会丧失警惕性……这样一来，就难免粗心大意，生产出不合格产品，造成人力、物力的浪费。“最差奖”这样的负面激励可以让员工时刻保持清醒的、饱满的工作状态。员工会为了自己的面子与尊严不断地努力，杜绝不合格产品的生产、劣质服务的发生。可见，彻底撕下面子是为了更好地赢得面子。

另外，当企业发展到一定程度时就会形成一种暂时的稳定状态。此时，人们满足于既往的工作成绩，丧失了再攀高峰的奋斗精神，创新意识弱化，在工作中求稳而不是求变，不求有功，但求无过，这也是一种消极的工作状态。

随着公司平台化战略的实施及业务的高速增长，华为每年的出货量越来越大，归一化程度越来越高，大规模召回的风险也在与日俱增。华为如果不能战战兢兢、如履薄冰、如临深渊，以自我批判的精神正视自身问题，持续改进产品质量，真正把质量优先做扎实，把客户满意放在心里，华为就有可能倒在高速发展的路上。

“最差奖”大会也培养了员工的危机意识，让员工意识到不能满足于以往的成就，应该将最认真的态度、最饱满的热情和最出色的能力投入到每时每刻的工作中去。适时地进行负面激励，才能够重新唤起员工的危机意识，从而打造永远保持活力和战斗力的优质员工队伍。

批评不是目的，而是手段。通过批评，可以使员工提高绩效水平。一般来说，绩效沟通中要考虑到员工的自尊心。例如，员工上班迟到，直管领导当众批评，往往会让员工下不来台；而背后批评教育，员工更能够接受、改正。华为的“最差奖”大会却反其道而行之，因为相对于正面激励，这种负激励措施更容易让员工在内心深处受到触动，从精神层面认识到错误的严重性。

人们长期处在一种持续不变的环境中容易产生惰性，而且更加要命的是员工本人并没有意识到这是个问题。这就像温水煮青蛙，会让人慢慢地在舒适的环境中消磨了斗志，等到发现的时候为时已晚。华为的“最差奖”大会无异于当头棒喝，让员工居安思危，每当看到这些不合格产品就会意识到自己的工作中还存在问题、还有需要改进的地方、还有不断进步的空间，这样就能时刻保持清醒的头脑、饱满的斗志。

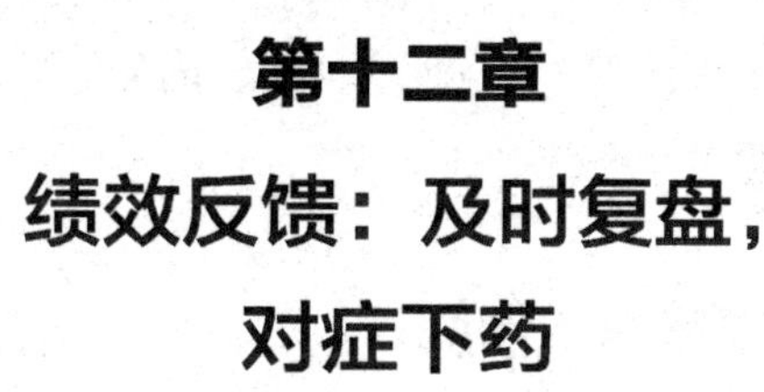

第十二章
绩效反馈：及时复盘，对症下药

绩效反馈是绩效管理的“最后一公里”，及时复盘员工的工作状况，找到存在的问题并对症下药，把绩效考核与绩效改进结合起来，就可以形成绩效管理的良性循环，真正发挥绩效考核的作用，把绩效管理落实到位。

考核后与员工进行面谈

绩效考核后，管理层要及时与员工沟通，把绩效考核的意见反馈给员工。对于考核中员工取得的成绩，给予鼓励和肯定，双方共同制定下一步的目标；对于考核中存在的问题，与员工一起制订调整和改进计划。华为要求人力资源部门每半年就要跟员工进行一次反馈面谈，了解员工对企业、对直属上司以及对自身岗位的认知。

与员工面谈不是一件简单的事情，不能随时随地地随便拉一个员工过来就说，而是需要针对面谈的时间、地点、内容、方式等做好准备，提前制订面谈计划。具体计划分为以下几个部分。

1. 了解员工情况

因为每位员工的岗位、性格、绩效结果、后期的工作安排等都不一样，所以，制订面谈计划前先要搜集员工的相关材料，包括员工的工作进展情况、工作中潜在的障碍、可能存在的问题等，要对需要面谈的员工的情况有基本的了解，预判员工对绩效的期望和意见，确保在面谈的过程中掌握沟通的主导权。

2. 设计面谈内容

面谈的内容主要是员工上一个考核周期的工作业绩，包括工作中取得的成绩、态度表现以及工作中没有达到绩效目标的部分、出现问题的原因等（如表 12-1 所示）。

表 12-1　面谈目的与要点

面谈阶段	目的	要点
暖场	营造良好的谈话氛围	感谢员工的贡献，营造轻松、真诚的谈话氛围 说明谈话的目的
面谈	鼓励员工自我总结	通过开放式的问题，鼓励员工总结自己在考评周期内工作中的成绩和不足
	点评考评意见	从员工的优点开始点评，肯定员工的努力和进步，指出前期工作中存在的不足
	告知考评结果	告知员工公司的考评程序和员工的考评结果

（续表）

面谈阶段	目的	要点
面谈	鼓励员工发表意见	用开放式问题探寻员工意见 感知并认同员工情绪，同时给予建议 探寻员工对部门管理和部门主管个人的意见 再次确认考评结果，如有异议，确定下一次沟通的时间和方式
	员工发展建议	咨询员工关于个人发展的计划，双方讨论并要求主管承诺支持
	绩效改进	对绩效不理想的员工，双方共同确定绩效改进计划 初步确定下一阶段目标
结束	总结和确认	主管和员工对面谈内容进行总结和确认 员工或主管整理面谈记录

需要注意的是，绩效反馈面谈虽然谈的是过去一段时间的绩效总结，但面谈的目的是为了未来更好地改进和发展，所以在内容的设定上，一定要有对员工下一步工作的规划和安排。

3. 确定面谈时间和地点

面谈时间和地点的确定对于面谈也很重要，一般面谈都不安排在节假日之前，以免不能及时观察到员工的情绪波动。

面谈的地点不一定是主管办公室，主管办公室容易给员工造成压迫感，要选择一个安静、不会被打扰的地方。但也不要选择太随意的地方，太随意的地方会让员工感觉面谈不正式，可能会不重视这次面谈，导致达不到面谈的预期效果。

4. 提前与员工做好沟通

面谈前提前与员工沟通，把面谈的时间、地点以及相关内容都告诉员工。面谈的时间一般不少于 30 分钟，提前告诉员工，可以让员工安排好手头的工作，同时做好相应的准备。

面谈策略和技巧

对员工的绩效反馈面谈是一件需要策略和技巧的工作。面谈既要起到激励的作用，对于低绩效员工存在的失误和问题，也要达到督促其改进的目的。华为主要有以下几种面谈技巧（如图 12-1 所示）。

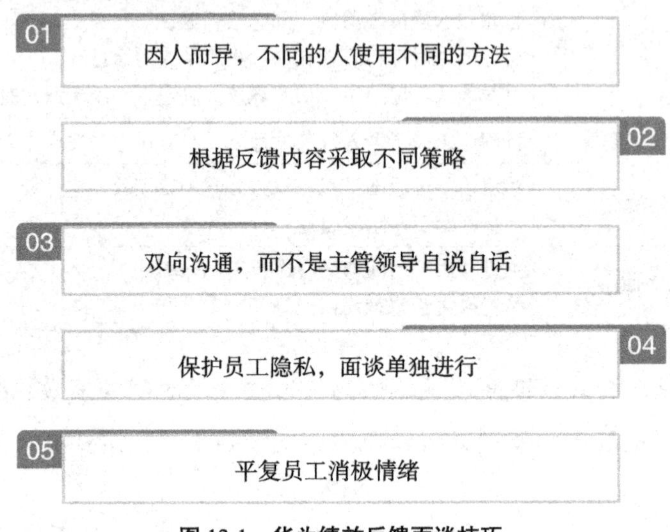

图 12-1　华为绩效反馈面谈技巧

1. 因人而异，不同的人使用不同的方法

每个企业都有不同类型的员工，在与不同的员工进行绩效面谈的时候，可以采用不同的面谈策略。

（1）绩效好，工作态度好

这部分员工是企业的标杆员工，也是创造团队业绩的主力，是企业需要保留的员工，所以，对于这样的员工，在肯定他们业绩的同时，要对他们提出更高的要求和目标。

（2）绩效好，工作态度不好

这部分员工一般能力比较强，但是往往个性也比较强。这样的人可以做出大的贡献，但也可能对集体和组织造成大的破坏。所以，对于这一类型的员工，在肯定成绩、建立信任的基础上，也不能姑息他们牺牲集体或他人利益的任性。

（3）绩效一般，但工作态度好

这类员工工作认真，认同公司和团队领导，不会对公司造成破坏，但绩效不高。对于这一类型的员工，在面谈时要帮助其制订绩效改进计划，督促其改进。如果不能改进，可以通过调岗等方式让其发挥价值。态度不能代替业绩，不能因为态度好掩盖绩效的不好。

（4）绩效不好，工作态度也不好

这类员工表现出来的是不思进取，经常为业绩不好找借口。对于这一类型的员工，要向他们强调工作的目标，明确表达公司对他们的看法和期望，引导他们反思自己的问题。

2. 根据反馈内容采取不同策略

与员工的反馈面谈包括正面反馈和反面反馈。正面反馈是指对员工的优点及其在工作过程中取得的成绩给予肯定；反面反馈则是指出员工存在的问题和不足。

（1）正面反馈

肯定员工成绩时不能太过笼统，要明确具体地指出员工应该被肯定和鼓励的地方，让员工感觉到你的真诚，让肯定真正起到鼓励的作用。

（2）负面反馈

对于员工存在的问题和错误，在与员工面谈时要以问题为导向，平静客观地指出员工的问题所在，找到产生问题的原因，提出解决问题的建议或督促员工自己提出改进方法，与员工一起制定改进方案。

切忌以责任为导向，把重点放在追究对方的责任上，这样容易让员工产生逆反心理，不利于问题的解决和改进计划的制订。

3. 双向沟通，而不是主管领导自说自话

绩效面谈是一个双向沟通的过程，而不是主管一个人的演讲，所以在面谈的过程中要鼓励员工充分参与进来，引导员工多说，听听他们对问题的思考和想法，引导他们提出更好的解决方案。

对于员工提出的建议和想法，主管也要认真聆听、积极回应、互相探讨，不可以无端与员工发生争执，更不要以职位压人。

4. 保护员工隐私，面谈单独进行

很多公司在管理员工业绩的时候喜欢对比，希望借助对比起到激励员工的目的。但是，在大多数情况下，绩效不好的员工并不想让别人知道自己绩效的实际情况，尤

其是当面比较，更是让很多员工难以接受，甚至会因此引起员工情绪起伏。华为绩效考核系统要求相关主管领导在与员工进行绩效沟通的时候要单独面谈，而且面谈结果也尽量不让第三方知道。

面谈不要选择在办公室，一是容易受人打扰，面谈容易被打断；二是在办公室面谈无法保护员工隐私。最好选择安静的小型会议室，关上门与员工单独面谈。对于绩效不理想的员工，在告诉他们评定和考核结果时，要避免被第三者听到。

5. 平复员工消极情绪

绩效反馈面谈之前，员工都会对自己的绩效考评成绩抱有一定的期望，如果考评成绩没有达到自己预期的等级，他们很容易产生消极和对抗情绪。此时，主管领导一定要先平复他们的情绪，把他们的注意力转移到绩效本身上来。华为在这方面的策略和技巧有如下三种。

（1）同理心思考

让员工把自己的情绪表达出来，用同理心思考，表示理解员工的感受。例如，用“我能理解你现在的感受，你是不是觉得……”之类的语言来表达自己的理解。员工接收到这样的反馈后，会感觉到自己的想法和情绪被别人理解了、看到了，情绪会更容易平复下来。

（2）避开员工的攻击性语言

有些员工性格比较急躁，看到不如意的考评结果后，会迁怒于主管领导，对其说一些抱怨或攻击性的语言。遇到这样的问题，主管领导不要与对方争辩，而是要把话题引导到需要讨论的绩效问题上。例如，可以这样说：“我很愿意听你说，但是，这不是我们现在需要谈论的话题。”

（3）平复员工的沮丧情绪

有的员工在看到自己的考评结果后会表现出消极、沮丧的情绪，感觉自己什么都做不好。此时，主管领导可以问员工一些开放性的问题，引发员工对未来的思考，重新唤起员工的热情和自信。

需要说明的是，与员工的面谈并不是面谈结束后就万事大吉了。主管领导应当与员工一起制定双方都认可的备忘录，对面谈结果达成共识。在面谈结束后的一段时间内，主管领导应对面谈员工的情况进行跟踪，了解员工的绩效改进成果。

绩效不理想也要肯定员工

绩效管理就是要考核员工对既定业务目标的完成情况。既然是考核，就会有不达标的人员存在。对于达标的员工，不论是物质上还是精神上都需要进行奖励，以使他们的绩效更上一层楼，同时也可以刺激不达标员工奋起追赶，形成良性的竞争关系；对于没有达标的员工，也应该是鼓励为主、批评为辅，可以指出其不足，但不能得理不饶人。绩效管理的最终目的是要在公司营造一种积极向上的氛围，激励员工为绩效目标进取奋斗。

员工的工作状态有好有坏，表现在绩效上就会有高有低。不能因为某一次或某几次的失败就彻底否定一名员工的努力。此时应给予他们鼓励和扶持，这样不仅可以帮助他们走出低谷，也可以帮助企业提升整体绩效。

2018 年年底，华为“网络金码奖”盛典如期举行。平台研发团队中有 3 名员工获得了这一代表着“码农”最高荣耀的大奖。

平台 LM（Line Manager，资源线主管）刘文杰回忆，由于华为新立项开发 5G 微波等新产品，他们的工作量也跟着成倍增长。如果还继续使用老旧的代码架构，工作的压力巨大，因此他们决定顶着来自各兄弟团队的压力，用全新理念重写架构。刘文杰在形容这一工作过程的难度时说道：“这就好比汽车一边高速行驶一边‘换轮胎’，难度非常大。”

修改过程充满了坎坷和各种不认可，团队的绩效也因此多次没有达到目标线。好在团队内部已经统一思想，为了让大家以后能更方便地工作，重写架构已经成为当务之急。虽然绩效不是很理想，但没有一个人抱怨，刘文杰也多次鼓励队员，为他们加油打气。

2018 年整个重构过程完成，将原来 10 年积累的 279 万行代码优化到了 90 万行，团队工作效率因此大幅度提升。他们交付的代码即使是按华为英国安全认证中心的标准，也在多个维度有所领先。

如果只是一味地追求高绩效，刘文杰团队也可以在传统架构下应付交差，但肯定没有之后效率的提升和产品质量的大幅度提高。绩效可以检验员工在一段时间的工作结果，但有的时候并不能及时体现员工工作的长远价值。

绩效不达标的原因可能会有很多种，在处理时要讲究方法。关于如何与不达标员工进行有效交流，华为有一套自己的原则（如图 12-2 所示）。

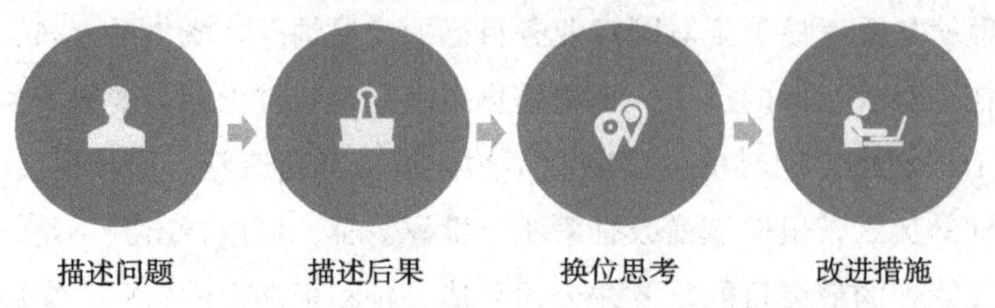

图 12-2　与绩效不达标员工交流的原则

1. 描述问题

描述工作中出现的问题，而不是直接指出员工的错误，这样可以有效缓解员工的紧张情绪，使双方更有成效地交流。让员工自己主动意识到问题，也更加有利于他们后续的改进。平和的谈话氛围不仅能有效地发现并解决问题，对员工心态也会有积极的影响，有利于员工融入团队。

应该就事论事，不能搞人身攻击。主管应该明白工作中出现问题是正常的，只要不是原则性的错误，都应该给予充分理解。这样做也是增进上下级团结的有效手段。

对于员工工作中的可取之处，要明确地表扬、肯定，为员工树立信心。

2. 描述后果

主管要尽量客观、准确地描述出现的问题，以及由此给团队、公司带来的影响，让员工明白问题的严重性和绩效达标的必要性。有责任感的员工自然会主动承担后果，并在后续工作注意改进工作方法。千万不能为了让员工长记性而故意夸大后果、恐吓员工。

3. 换位思考

在交流过程中，主管要让员工充分表达自己的观点，不能一直自己在喋喋不休。在一些情况下，主管可能更专注于管理工作，而对员工实际操作中的情况理解不够到位，因此要让员工自己分析出现问题的原因。

4. 改进措施

在分析完产生问题的原因及其影响后，要制定出一套解决措施。这套措施应该是经过双方充分讨论后共同认可的、可施行的。只有可施行的改进措施，才能有效地鼓励员工进取，激活员工的工作热情和积极性。

每一位有责任心的员工都是企业不可多得的财富，即使他们暂时能力不足，只要给予这些员工足够的肯定和锻炼机会，他们就会为公司发展带来强劲动力。

员工不同，绩效结果也要不同对待

华为是一家十分尊重个体差异的企业。华为管理者深知人无完人的道理，他们要做的就是让团队中的每一个人都发挥出自己的长处，聚集所有人的力量打造高效率和高竞争力的团队。正因为存在个体差异，所以在制定绩效目标和形成绩效反馈时也要“区别对待”。

当然，华为所施行的“区别对待”并不是把员工划分为三六九等，而是因材施教。华为希望可以在发挥员工优点的同时，通过绩效反馈，给员工提供专业、有针对性的意见和建议，以弥补员工的短板和不足，让员工获得全面发展。这样不仅有利于员工提高绩效，企业也会随之提升竞争力。

任正非曾经在《团结一切可以团结的力量》一文中强调：

> “各级主管面对员工时应实事求是地看待员工的个体差异性，不要简单地把年资长的员工与惰怠、没冲劲划等号，要避免管理的简单化、贴标签、一刀切。”

那么，华为是如何科学对待不同绩效的不同员工的呢？

1. 面对能力强、绩效好的员工

这类员工是华为的“重点保护对象”，也是所有管理者最喜欢的员工。他们能力强且有上进心，敢于承担责任，是企业开疆拓土的得力干将，也是华为人口中的奋斗者。

华为的管理者在对这类员工做绩效反馈时多以肯定、鼓励为主，以绩效结果为中心，肯定他们在工作过程中取得的成绩和踏实负责的态度。但同时，能力强的员工容易骄傲，因此在肯定、鼓励的同时也会对其施加一些压力，在制定下一阶段的绩效目标时会把标准适当提高一些。

2. 面对有上进心但绩效不理想的员工

他们可能是刚入职的新员工，暂时不能完成华为交付的任务和绩效目标，导致绩效结果不理想。华为明白这是所有员工都会经历的一个过程，因此在与他们交流时也是多以鼓励为主，同时会花大精力培养、培训他们，给他们成长的空间和时间。

这类员工愿意与企业一起努力奋斗，有上进心，假以时日就是下一批奋斗者，是企业巨大的财富。因此，管理者在与其交流时会和他们探讨日常工作中不顺利的环节，一起分析原因并给出指导意见。

3. 面对尸位素餐的员工

这类员工大多是早期跟着任正非一起打江山的老员工。他们资历老、辈分高，对企业发展历程如数家珍，甚至可能与企业高层有“关系”。因此，可能存在一些年轻管理者对他们不敢管也不愿管的状况。任正非多次就这一状况给管理者加油打气，做他们的后盾，就是要让他们放心、大胆地管。任正非曾在《当干部是一种责任》中强调“破除论资排辈的习惯，克服凭经验办事、管理上不求进步的惰性。选拔人才要注重实绩、竞争择优”。

除了这些老员工，对于那些不求上进、混日子的员工，华为也是不能容忍的。华为的管理者在面对这类员工时，言辞会比较严厉，并且会指出长此以往的严重后果。另外，管理者也会给出一些指导，希望他们能端正态度、努力工作。

4. 面对因性格影响工作的员工

可能有的员工性格内向，不喜与人交流，工作时也总是单打独斗，这与华为团结协作的精神大相径庭。这些人即使完成了自己的绩效目标，也会影响团队的合作氛围。为此，华为会要求这类员工多走向台前、多参加集队活动。管理者在与他们绩效交流时也会采用一些小技巧，例如通过多询问让员工多开口等。

华为今天的成功离不开完善的绩效反馈制度。这套制度帮助员工找出了不足，弥补了短板，自然使他们的绩效获得了提升。

就事论事，提供专业的反馈

世界著名管理学教授罗伯特·巴克沃在《绩效管理》一书中写到："绩效管理是一个持续的交流过程。"绩效反馈在绩效考核周期里起着承上启下的作用，是这个过程中最后也是最重要的一环，它总结了上一考核阶段员工的优点和不足，制定了解决方案和下一阶段的绩效目标。

在华为的绩效管理制度中，绩效反馈也占据着十分重要的地位。华为认为："经理人管人事，有责任去评价、考核和指导下属。"这句话也表达了绩效反馈最本质、最基础的目的和作用，那就是要促进员工的进步。因此，在与员工交流的过程中，管理者不应该过分关注已有的结果，而应关注员工在这一阶段工作过程中的能力表现、行为态度，也就是说，就事论事，从结果倒推原因。

关于绩效反馈，任正非对华为中高层干部的要求是："中高层主管要承担起对下属评价的责任，而评价的起点就是有效地布置任务，然后去监督、检查和沟通、指导，而不是一味地批评和指责。"

因此，在沟通交流的过程中，管理者要言之有物，能够给出足够专业的指导和建议。同时，管理者在与员工交流时还应当注意以下几点（如图 12-3 所示）。

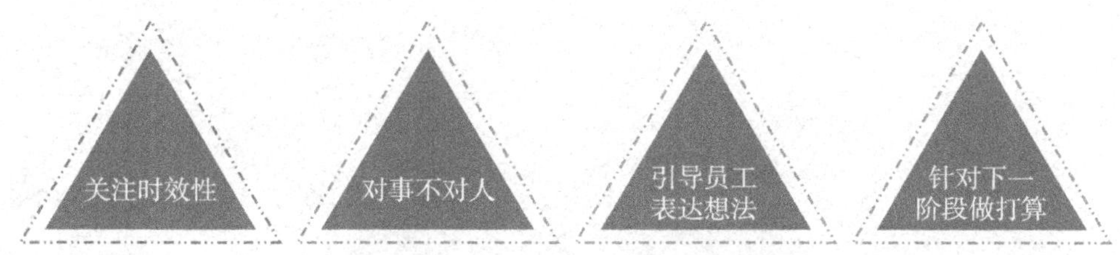

图 12-3　管理者绩效反馈注意点

1. 关注时效性

绩效反馈应当具有时效性。普通员工的绩效考核周期一般都比较短，因此，一旦员工的绩效考核出现问题，管理者应该在第一时间与员工进行交流，并指导其改正。如果员工在 1 月份的绩效考核就出了问题，管理者到年底的时候才去对考核结果进行分析，已经没有意义了。因此，绩效反馈应当及时，这样做双方印象都更深刻，效果也会更好。

2. 对事不对人

在绩效反馈过程中，必须杜绝管理者掺杂个人感情的情况出现。也就是说，在进行绩效反馈时要就事论事，应该围绕员工在过去这一阶段的工作方法、态度和绩效去展开沟通，不能针对员工的个性进行评价。不过，如果员工存在上进心不够、与团队格格不入、与团队交流不畅等表现，则应该指出来，并督促其改正。

3. 引导员工表达想法

员工有时候比管理者更能明白自己工作中出现的问题，所以管理者要做的应该是引导员工更多地表达、更多地思考，让他们自己思索工作的不足、需要增强的地方以及相对应的方法。员工结合实际工作情况总结出来的方案会更有效力，也更易操作。

管理者可以结合自身经验对员工的解决方案进行查漏补缺，帮助员工不断进步。

4. 针对下一阶段做打算

在绩效反馈面谈的过程中，管理者还应当帮助员工为下一阶段的考核做计划，使其改进上一阶段的错误与不足，以努力完成下一阶段的考核目标。

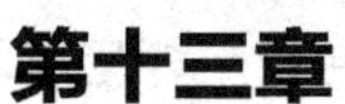

第十三章 绩效激励：以奋斗者为本

绩效考核的最终目的是要使每个人头上有任务、心里有目标，营造一种“以奋斗者为本”的工作氛围，以奋斗者带动全员的工作积极性，提升整体活力。企业的晋升机会、福利奖励也会更多地向奋斗者倾斜，以先动带动后动，这样才能达到绩效激励的目标。

贯彻 DGDX 的分配体系

任正非信奉“英雄不问出身”。在他看来，只要员工能够为企业作出贡献，华为就应当给予相应的回报。在华为的绩效管理体制中，DGDX 的分配体系正是体现了他的这种想法。

DGDX 指的是同贡献、同报酬，它是华为与奋斗者分享的重要理念之一。对此，任正非在《华为的红旗到底能打多久》一文中表示，华为坚持各尽所能、按劳分配的方针，企业要想使员工各尽所能，关键在于建立一套公平的价值评价体系和价值分配制度，促使员工形成合理的预期，让他们相信在自己竭尽所能后，企业能够给予合理的回报。而企业的价值评价要做到公平，就要实行同等贡献、同等报酬的原则，无论员工学历高低，只要他们为企业带来了同样的贡献，企业就要给予他们同等的回报，如此才能调动员工的积极性。在这一绩效管理理念的基础上，华为建立了一套贯彻 DGDX 的分配体系，即岗位标准工资。

华为人力资源部制定的岗位标准工资能够合理反映员工做出的贡献与获得的报酬之间的关系。岗位标准工资制度将员工职位分为 22 个等级，其中的每个等级又按照员工的胜任能力分为 A、B、C 三个层次（如表 13-1 所示）。一般情况下，13 级以下属于普通员工。

表 13-1　华为员工标准岗位工资明细表

单位：元

胜任等级 岗位等级	C	B	A
13	5500	6500	7500
14	7500	9000	10500
15	10500	12500	14500
16	14500	17000	19500
17	19500	22500	25500
18	25500	29000	32500
19	32500	36500	40500
20	40500	44500	49500
21	49500	54500	59500
22	59500		

由表 13-1 不难看出，在 13 级以上员工的岗位标准工资中，22A 为最高。每个华为员工的等级都与自己的绩效考核成绩相对应。如果员工考核（即对员工贡献的评价结果）获得 15C，那么，这位员工的工资标准就是 10500 元。当然，该员工的奖金和期权是另算的，不过也要通过绩效考核来衡量该员工的贡献。一般情况下，15 级能够获得 3 万到 4 万元的期权。

华为员工岗位等级的具体情况是这样的：助理工程师的技术等级为 13C ~ 15B；普通工程师 B 的等级为 15A ~ 16A；普通工程师 A 的等级为 17C ~ 17A；高级工程师 B 的等级 18B ~ 19B；高级工程师 A 或技术专家的等级为 19B ~ 20A；三级部门主管等级为 19B ~ 19A；二级部门主管等级为 20A；一级部门主管等级为 21B ~ 22B；最高等级为 22A。其中，华为技术专家的等级相当于三级部门主管，高级专家最高可达到一级部门正职的技术等级 21A ~ 22B。这种工资制度体现了华为同贡献、同报酬的分配原则。

华为在实行岗位标准工资制后，几乎不再通过上级对员工进行任命或定级，而是完全由员工按照相关规定自行应聘自认为合理的相关职级。

例如，在华为工作 6 年的员工便可以去应聘 15B 或 15A，而超过 8 年的员工便可以去应聘 16A。在员工应聘环节中，上级主管只负责对应聘员工进行考核，这一应聘机制很好地杜绝了不公平应聘现象的发生。

华为员工岗位等级的具体说明如下。

项目经验丰富、能力突出、有经理级职务或者相关技术的专家，可以应聘 18 级。

工作 6 年，能力和技术处于一般水平，但基本能胜任工作的普通社招员工（社会招聘人员），华为会将其定为 15B 或 15A；如果该员工在原公司是骨干或者精英，华为会将其定为 16B 或 16A。

工作 10 年或以前担任过部门经理的社招员工，华为会将其定为 17A 以上的等级，同时还会将该等级员工派往海外从事更加有挑战性的工作。

社招工作 8 年的普通员工，华为一般会将其定为 16A 或 17B 的等级。

特招进入企业的员工，华为一般会将其定为 17A ~ 18A 的等级，同时给予签字费、股票等福利。

如果员工是所在原公司（包括思科、爱立信、阿郎、诺西等公司）正式任命的部门经理（部门主管），华为则会将其定为19B或者19A的等级，这相当于华为三级部门主管的级别。

另外，进入华为的应届本科生最低级别为13C，生产线上的操作工在13C以下。

华为的员工待遇同时也体现在技术等级与任职资格挂钩的层面上，即技术等级是职称，职称是享受待遇等级的。

依照华为规定，技术等级+13等于任职资格。例如，技术等级为3A的员工，其任职资格便是3A+13=16A。这一规定使得很多走技术路线的华为员工享受到了更好的待遇。

总之，DGDX分配体系的建立，使华为的绩效管理机制更加完善和成熟，而贯彻并集中体现这一体系的员工岗位标准工资制，更是极大地提高了华为人的工作积极性，使华为走向更加繁荣、更加辉煌的未来。

按贡献大小定待遇

华为给员工定报酬时特别注重员工为企业带来的贡献和价值，因此，进入华为并不意味着就一定会享受很好的待遇。新来的员工由于没有为公司作出太多贡献，因此他们一般收入较少。

任正非不止一次地对华为员工表示，一个人所拿的报酬是需要凭借自己的真本事得来的，这体现了一种公平竞争的原则，华为号召企业员工不投机取巧、不论资排辈，无论是谁，只要作出了贡献都是可以拿到高薪的。正是在这种观念和激励机制的影响下，华为人始终脚踏实地、努力奉献。

任正非曾表示，华为从来不强调按工龄定待遇。在调薪的时候经常有人说："工资好几年没涨了，是否要涨一点工资？"每次听到这样的话，任正非就会反问："这几年你的劳动质量是否进步了呢？你的贡献是否更大了呢？如果没有，那为什么要涨工资呢？企业有的岗位职级要封顶，有些岗位的贡献则没有多大变化，因此，员工的报酬是不能随着工龄的增长而提升的。华为强调按贡献定待遇，员工的贡献没有增加，也就不应当多拿报酬。”

在任正非看来，那些没有为企业创造价值、没有作出贡献的员工是没有资格要求涨工资以及分配股票的。如果企业出现了很多“不打粮，光吃饭”的员工，就会导致企业经营成本不断增加，而且更为严重的是，这些员工还占用了企业宝贵的资源。同时，这些人无形中还催生了一个不公平环境，使企业更多员工不愿努力付出、只愿坐享其成。为了杜绝这些消极现象的产生，华为“始终按贡献大小定待遇”。

为了更好地落实这一绩效方针，让更多的人体会按贡献大小拿待遇的好处，华为一直不断地为员工提供作出贡献的机会。华为内部的机会和更多的报酬倾向于那些愿意付出、愿意奋斗的员工。可以说，华为为这些勇于奋斗的员工提供了一个在广阔天地中展现自我、实现价值的机会，同时也积极鼓励这类员工成为企业的奋斗者。

如今的华为是一家业务遍及全球170多个国家和地区，同时为500多家运营商提供服务的世界级通信设备企业，华为之所以能够创造出这些成就，首先归功于华为的奋斗者们!

曾经的某个时期，华为决定将市场开拓到国外，不过，当时的华为在国外没有任何资源，摆在华为人面前的是陌生的国度、陌生的市场和陌生的人，在这种情况下，华为向员工们发出了“到国外去”的号召，倡导员工为企业创造更多的价值，作出更大的贡献。于是，一批批华为人跨过太平洋、印度洋，穿过热带雨林，行走于非洲草原……

国外有着广阔的天地，华为给了这些走向国外的员工展现自我能力和实现自我价值的机会，这些员工在为企业赢得海外客户、创造价值的同时，也为自己带来了丰厚的回报。要知道，相对于国内员工来说，华为海外员工的待遇要好得多。由此看来，在华为“始终按贡献大小定待遇”的绩效原则下，只有作出大的成绩，才会有大的回报。

为了激发员工的积极性，华为不断为员工提供更多的成为奋斗者的机会。

华为与13级以上的员工签订《奋斗者协议》，内容包括组织安排这些员工到一些较为艰苦的地方去工作等，签订这一协议的员工将会获得5万元的奖金，同时还享有加薪、优先配股等待遇。员工可以和企业签订项目目标责任书，只要员工能够在期限内按质按量完成工作任务，便可以获得相关的奖金。

总之，为了让员工能够为企业作出更大的贡献、创造更多的价值，华为将“始终按贡献大小定待遇”的绩效管理战略发挥到了极致。当然，这也确实为华为带来了可观的效益。

虚拟饱和配股，与奋斗者分享利益

对于华为而言，企业的奋斗者是企业核心竞争力的关键来源，华为的配股制度之所以从虚拟受限配股制度改革成虚拟饱和配股制度，正是为了能够给予优秀员工更多的配股机会，从而更加有效地贯彻“始终按贡献大小定待遇”的方针（如图 13-1 所示）。

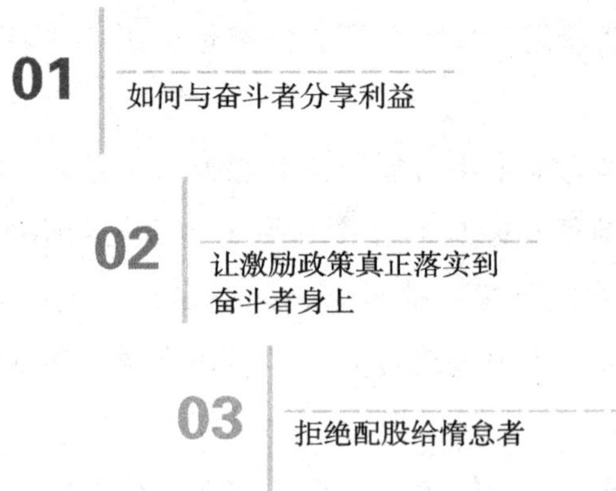

图 13-1　华为“始终按贡献大小定待遇”的方针

1. 如何与奋斗者分享利益

作为华为的当家人，任正非表示，他希望能够将企业所赚取的利润更多地回报给企业的奋斗者和贡献者，从而激励更多的华为人不断努力，将企业的发展势头延续下去。2011 年，华为进行了新一轮的饱和配股制度改革。华为主要围绕奋斗者，对企业股权进行了合理分配。

（1）不按照条文进行区分

虽然华为发布了饱和配股指引性文件，不过，任正非明确指出，即便文件的内容设计得再好，也是无法将企业运营过程中所有正在发生的变化覆盖进去的。因此，华为在对员工的具体评价中，应当实事求是地对每个员工的贡献作出评价，而不是简单地按照条文进行区分，以便让那些真正表现出色、为企业作出贡献的员工的利益实现最大化。

（2）认识奋斗者与非奋斗者

很多员工在成为饱和配股制度的既得利益者后，往往就开始在工作中变得消极起来，这是华为最不想看到的情况。对此，华为要求相关人员在执行饱和配股政策的过程中要严格把握两项原则：识别奋斗者与非奋斗者，区分优秀奋斗者和普通奋斗者。

华为饱和配股的目的在于引导员工成为优秀员工，而不是单纯地为了奖励员工。因此，在进行配股的过程中，企业对哪些员工获得配股、哪些员工不能获得配股、哪些员工应该多配、哪些员工不能多配等相关问题都作出了明确的规定。另外，华为的员工在向上级提交成为企业奋斗者的申请后，并不代表该员工就真正成为了企业的奋斗者，能否成功关键取决于该员工在日常工作中的表现是否达到了相关标准。

（3）立足于劳动绩效的评估

饱和配股制度在华为的激励政策中是非常重要的一项内容。每年华为员工的绩效结果出炉后，华为内部执行饱和配股政策的相关人员会根据员工在工作中的表现、对企业的贡献，给予其相应的、合理比例的饱和配股额度，而员工为了能够得到更多的饱和配股，往往会在工作中更加努力。

2. 让激励政策真正落实到奋斗者身上

事实上，华为的饱和配股激励制度也是有利有弊的。虽然它能够大大增加企业员工的凝聚力和战斗力，不过，它同时也存在一定的弊端——期股的高额回报容易让员工在工作中变得惰怠。很多员工在获得一定的期权后，就想着一劳永逸地吃“大锅饭”，这对于企业和员工来说都是有害无益的。为了遏制这种现象的发生，以及让企业的激励政策真正落实到奋斗者身上，华为采取了相应的应对机制。

（1）资源共享，确保评价准确

员工的绩效评价如果是单方面的，其评价结果往往不够准确。为了避免出现这种情况，华为对相关的信息进行了整合和共享。例如，华为的行政部门提供奖惩数据、人力资源部提供考勤数据、主管提供员工工作态度状况等，在对这些信息进行综合分析之后，员工的绩效评价结果的准确性便会大大提升。

（2）对日常管理机制进行完善

在科学地进行饱和配股方面，华为非常严谨，尤其是在识别奋斗者与非奋斗者方面，华为的相关机构认识到必须建立科学的日常管理机制，例如工作报表制度、出勤制度、汇报制度等，这样才不至于让那些真正的奋斗者因为忘记填写报表而少拿配股。

（3）公示、培训掌握工作方法

在饱和配股正式推行之后，华为并没有贸然急进，而是在进行公示的过程中寻求解决方法。同时，为了避免因机械执行导致分配不公的情况出现，绩效管理部门还会与各级主管进行充分沟通，从而形成了一套科学的评价方法。

3. 拒绝配股给惰怠者

对于惰怠员工，华为是拒绝给予配股的。任正非表示，惰怠的员工是不能被评为奋斗者的，相关主管是拥有这个权力的。企业出现个别案例时，要事先与人力资源部进行沟通，秉持谋定而后动的处理原则。

在华为的绩效管理政策中，只有优秀贡献者才有资格获得增股。同时，华为还规定，对于那些绩效优异的员工，即便其有违反配股条款的行为，但如果其主管评价其为奋斗者的话，企业也是应当给予配股的。

不难看出，华为的虚拟饱和配股政策的执行原则是：对于企业的优秀奋斗者，给予饱和配股；对于企业的一般奋斗者，给予限额配股；对于企业的不愿奋斗者，不给予配股。

用职能工资制激活竞争

工资是劳动者的报酬，是员工从企业获得的最基本的分配所得，是人们赖以满足物质需求和精神需求的经济基础。因此工资关系着员工的切身利益，工资分配制度在企业管理制度中占有特别重要的地位。工资分配形式是否体现了公平原则、是否能对员工起到激励作用，都是企业管理者应该考虑的问题。

《华为基本法》第六十九条规定：工资分配实行基于能力主义的职能工资制。华为是中国较早执行职能工资制的企业，那么华为公司的职能工资制的制度框架是怎样的呢？它又是如何运行的呢？

职能工资制度的关键是建立科学的任职资格体系。所谓任职资格就是承担职务的资格和能力。任职资格评估体系是一种对员工当期绩效、潜质以及未来发展进行综合评价的体系，企业通过按劳分配的方式不断激励员工，以此体现价值回报。

任正非在《华为的冬天》一书中写道："我们要坚定不移地继续推行任职资格管理制度。只有这样才能改变过去的评价模糊状态，才会使有贡献、有责任心的人尽快成长起来。激励机制要有利于公司核心竞争力战略的全面展开，也要有利于近期核心竞争力的不断增长。"由此可见华为对这一评估体系的重视。

将任职资格横向分类、纵向分级后，能够清晰地显示出对员工职位的资格要求，并让员工积极满足相应职位的工作要求，这对于提高员工的工作效率、规范员工的工作行为有强大的推动力，而且能加快公司职业化的发展速度。在华为公司的职位资格标准中，大多都是取自"称职胜任"的原则，另外还包含职位资格证书检测、参考工作绩效评价结果、员工个人品行以及员工发展前景，这五大要素就构成了衡量华为员工任职资格的基本要求。华为对员工的任职资格进行评估时，会将员工的具体能力体现和评估标准进行比较，最后作出综合评价。

华为依托任职资格评估体系考察员工的能力，确定相应的工资标准，同时将考核结果与工资升降直接联系起来，不再以年龄、工龄、学历等个人因素作为工资分配依据。这一机制发挥了比较好的激励效果，也适应了当今企业重视知识、重视个人能力的要求。

每个企业选择工资分配方式时都应该实事求是，最大限度地发挥工资制度的效能。华为实行职能工资制有充分的理论和政策依据，符合华为公司的实际发展情况。

1. 基于价值的考虑

一个企业选择的工资制度要与自身的价值创造、价值评价、价值分配理念相契合。在价值评价方面，华为对价值创造的过程和结果进行科学的评价，并依据评价结果进行价值分配，这使工资制度的运行和考核评价结合起来；在价值分配方面，华为公司有一套完整的价值分配体系，分配制度规范，基本实现了公正公平。

2. 职能工资制适应华为公司人事管理制度的特点

华为主张自由雇佣制，不实行终身雇佣制（《华为基本法》第六十条），员工在完成本职工作中表现出的能力和潜力，是比学历更重要的评价能力的公正标准（《华为基本法》第五十七条）。华为主张干部能上能下，员工可以调岗换岗，这使每个人都能找到更适合他的职位，也使每个职位都能找到胜任能力更强的员工。

分配逐步向优秀员工倾斜

华为实行职能工资制的分配制度，在报酬和待遇上坚定不移地向优秀员工倾斜，这是华为公司分配原则中重要的一条。

分配逐步向优秀员工倾斜是通过差异化策略实现的。华为利用绩效考核扩大员工之间的收入差距，让高绩效人员得到更高的回报；贡献少的人，得到的报酬就相对较少。这种策略激活了企业内部员工的竞争意识，优秀的员工通过不断努力，提升为企业创造价值的能力，同时也实现了自我价值的提升。这样企业中的懒人、庸人就没有了可乘之机，只有通过实实在在的付出才能得到相应的报酬。

华为的分配差异化策略主要体现在以下四方面（如图 13-2 所示）。

图 13-2　华为分配差异化策略

1. 工资分配实行基于员工能力的职能工资制

高能力的员工是企业最宝贵的资源，他们能为企业创造更多价值、带来更多利润。根据能力分配收入，首先要根据能力区分员工之间的差异，这就是上节所讲到的任职资格体系。任职资格不同，工资分配不同。

2. 奖金分配与员工个人和部门绩效挂钩

奖金（股权）分配与贡献挂钩，每年对员工的绩效结果进行评价，根据绩效完成情况将其分为不同的等级，相应获得不同的奖金（股权）分配。

3. 福利分配以工作态度等考评结果为依据

工作态度考评主要围绕企业文化进行，例如，是否具有奉献精神、是否服从工作调动、是否愿意到艰苦的一线去工作、是否勇于进行自我批评、是否有团队协作意识和团队精神等。

4. 医疗保险待遇按贡献确定

华为对企业高级管理者、骨干员工、一般员工在医疗保险方面也实行差别待遇。因为华为需要更多的杰出人才为华为的全球性战略服务。

早在 1999 年，华为就实行了绩效管理体系、薪酬分配体系、任职资格评价体系三位一体的动态工资分配结构，按照员工责任和贡献确定其任职资格，根据任职资格确定员工的职能工资，根据个人和部门绩效的完成水平确定奖金（股权）分配。

这种三位一体的动态结构决定了员工的收入水平，把员工职位、工作业绩、绩效水平综合考量，统一到员工的贡献方面来。某一个方面的因素并不能决定员工最终薪酬的高低，这就实现了奖励向工作能力强的、工作贡献大的优秀员工的倾斜。

“认真负责和管理有效的员工是华为最大的财富。尊重知识、尊重个性、集体奋斗和不迁就有功的员工，是我们的事业可持续成长的内在要求。”这是华为的核心价值观，因此华为一直坚持与奋斗者分享利益。

用末位淘汰制提升个人绩效

“末位淘汰制”是针对企业不同岗位设置相应的绩效标准，根据绩效考评标准将绩效排名在末位的员工淘汰掉。在华为，每年都保持着约 5% 的员工淘汰率。

没有压力就没有动力。华为通过末位淘汰制持续不断地向员工传递着压力，促使员工努力提升个人绩效水平，不断调整自己以适应公司的战略需求，这对于员工个人的进步起到了极大的促进作用。

末位淘汰制也强化了部门整体的危机意识，改变了臃肿的组织机构、人浮于事的拖沓风气，推动了各部门的整合，减少了部门间多余的内耗。这种方法对于建设干部队伍和提升部门办事效率也起到了积极的促进作用。

末位淘汰制对优秀员工是一种激励，可以让他们不断保持优势，防止被后来者超越；对后进者也是一种鞭策，让他们努力适应企业的发展，改进自己的工作态度和工作水平。

末位淘汰制虽然广泛应用于很多企业，但也一直饱受争议。因为从保护劳动者权益的角度来看，末位淘汰制并不是很人性化的措施。然而，华为之所以实行末位淘汰制，是以其严密的管理制度为基础的。

首先，标准化衡量体系的建立为末位淘汰制的实行提供了依据。绩效目标通过有效分解、层层下达，每个人的绩效要求都是在充分沟通的基础上制定的，绩效内容都是可量化的标准，每一个目标都有可实现的依据。这就保证了绩效评价结果的公平、公正，避免出现因“人情”或者标准不客观造成的错误淘汰。

其次，员工有改进绩效的机会。对不能达到目标要求的员工可以有降职降薪的处罚，以及调岗、换岗、培训等辅助制度，这些都为员工提高绩效水平提供了制度保障。

> 任正非一直强调：“要强化绩效考核管理，实行末位淘汰，裁掉后进员工，激活整个队伍。”他曾经举过这样一个例子：有一次他去上海办事处，期间有人告诉他，很多员工都是独生子女，娇气且不能吃苦受累。于是任正非把所有员工都召集起来，并对他们说：“只要有人怕苦怕累，就裁掉，就走人。”

容忍低劣的绩效，只会保护极少数人的利益而导致团队内大多数人失去工作热情。一个充满活力的、不断提升竞争力和创新能力的集体才能适应市场的变化、企业发展的需要。如果一个人长期在不能成长和进步的环境里，就像一枚生锈的螺丝钉，慢慢地就会失去他的存在价值，这不但会对企业的发展产生阻力，对员工本人的成长也是极为不利的。

有完善的规则和科学的制度作为支撑的末位淘汰制，对于保持每一位员工的危机意识和竞争意识、提高个人和团队组织绩效、激发企业的活力和战斗力有着积极的作用，可以推动着企业不断地超越过去、向前迈进。

体贴入微的福利待遇

福利待遇也是企业吸引并留住人才的一种重要工具。具体来说，华为的福利待遇整体上包括了三大方面：完善的员工保障体系、货币化的“福利”和驻外人员携带家属的权利。

1. 完善的员工保障体系

华为除了为员工提供当地法律规定的各类保险外，还为员工购买了人身意外伤害险（覆盖了全球所有华为员工）、商业重大疾病险、寿险（覆盖所有中国地区华为员工）、商务旅行险（覆盖所有中方外派员工），同时华为还制订了应对突发事故的公司医疗救助计划。

2011 年，华为再次全方位优化了员工的保障体系，具体包括：海外员工保障管理项目的优化，制定属地化的保障政策；与保险商进行合作，建立了全球员工的保障管理 IT 平台；逐步提供商业寿险保障标准；建立突发事件问责制以及应急机制；对员工家属保险认购计划进行了推广和完善，为增强员工家属保障搭建平台等。

2. 货币化的“福利”

在华为的福利政策中，货币化福利是其重要特色，包括工卡现金补助、退休基金、外驻外派补助等。

（1）工卡现金补助

依据员工工作地域的不同，华为将相关补助分为了三类：工作地在深圳关外的员工每月补助 1000 元；工作地在国内其他地区的员工每月补助 800 元。之所以处于深圳关外的员工福利要比国内其他地区高出 200 元，是由于当地交通费用比较高，这是华为在经过大量调查后作出的决定。

（2）退休基金

自 1996 年以来，华为逐步实行了员工退休金政策，也就是每月额外将工资的 15% 作为退休基金发放给华为员工。华为通过采用这种货币式福利的方式向员工提供一些钱或者礼物，不仅能够让华为的员工感受到企业对自己的关怀，同时大大增强了员工对企业的认同感。

（3）外驻外派补助

随着华为业务规模的日益扩大，华为在国外很多地区建立了自己的外派机构。由于各个海外驻地的艰苦程度有所不同，华为所设置的补助标准也有所不同，这需要结合当地实际情况进行综合考量。因此，华为的补助政策很多时候会因实际需要而发生变化。

3. 驻外人员携带家属的权利

华为的驻外人员只要能够达到某一标准便可以向华为申请家属随行，而且，华为还会在驻外地区为驻外人员及其家属提供一定的生活福利，包括驻外人员的安家费、医疗及保险费用和家属探亲。

（1）驻外人员安家费

华为作出明确规定：对于需要奔赴海外工作 3 年以上的员工，华为将会发放 15 万元的安家费（在出国前一次性发放给员工），并且还向员工提供独立的住所。

（2）医疗费用及保险

对于驻外人员的家属，华为可谓关怀备至。华为不但代理购买驻外人员家属在工作所在国的医疗及保险，同时还包揽了驻外人员家属的医疗基金账户不足部分。

（3）家属探亲

对于那些不愿随行的驻外人员的家属，华为规定了驻外人员在海外工作满一年后，家属可前往探望，之后每年一次，其往返机票由华为承担。

总之，华为为员工所提供的福利待遇是多种多样的，涉及员工工作和生活的方方面面。华为体贴入微地为员工的工作和生活提供便利和安全保障，使得华为内部的优秀人才越来越多。

不让雷锋吃亏

美国沃尔玛公司的创始人山姆·沃尔顿曾表示：企业越是与自己的员工分享利润，企业的利润也就越多。那些将生产利润都握在自己手里的行为，注定会让企业失去发展动力，进而导致企业止步不前，乃至关门倒闭。作为华为的掌门人，任正非同样说过类似的话："企业的资产不应该全部归属最初的出资者，而是要给劳动者合理的回报。"

任正非清醒地认识到维护员工利益的重要性，他推出了"不让雷锋吃亏"的政策，力求给予劳动者合理的回报。多少年来，华为秉持着"不让雷锋吃亏"的理念，建立了一套基本合理的评价机制，并基于评价给予员工激励回报。

华为的"不让雷锋吃亏"政策体现在两方面：让奋斗者得到合理回报；清理沉淀层，保障奋斗者利益（如图 13-3 所示）。

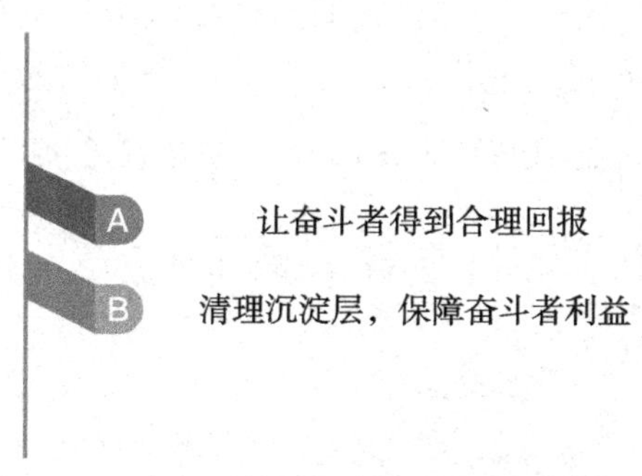

图 13-3　华为奋斗者利益保障策略

1. 让奋斗者得到合理回报

很多人进入华为的重要原因是华为的高薪待遇，不过有些人在进入华为后只想着如何分享利益，并没有传承华为一贯的艰苦奋斗精神。

为了杜绝这种投机现象，让真正的奋斗者和贡献者分享利益、获取回报，华为特意召开了一次"与奋斗者分享利益"的讨论会。任正非认为，华为不能按照固有观念对员工的成绩进行评价，而是应当以员工的实际工作和贡献为出发点，维护优秀员工的利益，让真正的奋斗者得到合理的回报。

2. 清理沉淀层，保障奋斗者利益

在企业发展的过程中，华为会不定时地对企业中的沉淀层（不继续努力奋斗的员工，或者潜在的享乐主义者）进行清理，进而打破利益垄断，在保障员工利益的同时，吸引更多的奋斗者加入华为，并为之奋斗和付出。

华为每隔三五年，就会基于企业不同时期的发展需要来一次企业内部的人事大变革。

随着华为的飞速发展，很多华为人手中握着大量的股票，心里开始打起了小算盘：在华为上市之后高价套现。这类员工逐渐成为了企业无法激活的沉淀层。

在任正非眼里，沉淀层属于“食利者”，这个群体已经极大地影响并伤害了企业员工的积极性和创造性，更是严重偏离了“不让雷锋吃亏”的企业价值评价体系。华为在认识到其巨大的危害后，相继进行了三次股权改革，同时持续性地大规模调整了华为的人事政策。

华为之所以采取这一系列调整措施，是为了让企业的元老、管理者、员工认清一个状况：永远将自己当作企业中的新人来看待，那些倚老卖老或者不思进取的华为人，注定会被淘汰出局。